BESTACTIVITYBOOKS.COM

PRIMEIRA EDIÇÃO - 2022

Ilustración gráfica adicional: www.freepik.com
Graças a Alekksall, Starline, Pch.vector, Rawpixel.com, Vectorpocket, Dgim-studio, Upklyak, Macrovector, Stockgiu, Pikisuperstar & Freepik.com Designers

5 DICAS PARA COMEÇAR

1) CÓMO RESOLVER LAS SOPA DE LETRAS

Os puzzles têm um formato clássico:

- As palavras estão escondidas sem espaços ou hífenes,...
- Orientação: As palavras podem ser escritas para a frente, para trás, para cima, para baixo ou na diagonal (podem ser invertidas).
- As palavras podem sobrepor-se ou intersectar-se.

2) APRENDIZAGEM ACTIVA

Ao lado de cada palavra há um espaço para anotar a tradução. Para encorajar a aprendizagem activa, um **DICIONÁRIO** no final desta edição permitir-lhe-á verificar e expandir os seus conhecimentos. Procure e anote as traduções, encontre-as no puzzle e adicione-as ao seu vocabulário!

3) MARCAR AS PALAVRAS

Pode inventar o seu próprio sistema de marcação - talvez já use um? Pode também, por exemplo, marcar palavras difíceis de encontrar com uma cruz, palavras favoritas com uma estrela, palavras novas com um triângulo, palavras raras com um diamante, e assim por diante.

4) ESTRUTURANDO A APRENDIZAGEM

Esta edição oferece um **CADERNO DE NOTAS** prático no final do livro. Nas férias, em viagem ou em casa, pode facilmente organizar os seus novos conhecimentos sem a necessidade de um segundo caderno!

5) JÁ TERMINOU TODAS AS GRELHAS?

Nas últimas páginas deste livro, na secção **DESAFIO FINAL**, encontrará um jogo gratuito!

Rápido e fácil! Consulte a nossa colecção de livros de actividades para o seu próximo momento de diversão e **aprendizagem**, a apenas um clique de distância!

Encontre o seu próximo desafio em:

BestActivityBooks.com/MeuProximoLivro

Aos vossos lugares, preparem-se...Vão!

Sabia que existem cerca de 7.000 línguas diferentes no mundo? As palavras são preciosas.

Adoramos línguas e temos trabalhado arduamente para criar livros da mais alta qualidade para si. Os nossos ingredientes?

Uma selecção de tópicos adequados à aprendizagem, três boas porções de entretenimento, e depois acrescentamos uma colherada de palavras difíceis e uma pitada de palavras raras. Servimo-los com amor e máximo divertimento, para que possa resolver os melhores jogos de palavras e se divirta a aprender!

A sua opinião é essencial. Pode participar activamente no sucesso deste livro, deixando-nos um comentário. Gostaríamos de saber o que mais lhe agradou nesta edição.

Aqui está um link rápido para a sua página de encomendas:

BestBooksActivity.com/Avaliacoes50

Obrigado pela vossa ajuda e divirtam-se!

A Equipa Inteira

1 - Dirigindo

O	U	E	E	D	H	C	T	L	U	V	R	N	T	K	V
W	O	L	C	P	Y	J	P	X	H	D	H	S	R	K	K
C	M	E	Y	Z	D	P	H	O	W	Z	I	K	A	C	E
J	U	S	X	K	W	M	J	D	L	T	V	J	N	L	D
Y	P	N	W	K	K	P	C	B	L	I	B	U	S	T	Z
M	R	E	V	I	Q	E	N	Y	I	E	T	L	P	E	T
O	X	R	T	F	G	A	T	E	S	V	R	I	O	H	C
T	Q	B	L	A	W	T	A	A	E	W	A	H	R	G	G
O	E	B	A	R	O	T	O	M	N	Z	K	X	T	I	A
R	H	B	G	T	O	A	H	F	S	L	O	R	M	T	S
S	M	J	L	X	S	E	J	S	A	R	A	G	V	K	S
Y	L	B	F	A	Z	Z	T	E	H	R	E	K	K	I	S
K	W	D	O	B	R	E	M	S	E	R	E	M	W	S	P
K	J	R	T	Z	H	M	G	B	G	Z	K	R	R	R	D
E	G	P	B	P	G	R	E	G	N	E	J	G	T	O	F
L	E	N	N	U	T	I	R	M	F	W	G	Z	Z	F	S

ULYKKE
BIL
BRENSEL
FORSIKTIGHET
VEI
BREMSER
GARASJE
GASS
LISENS
KART
MOTORSYKKEL
MOTOR
FOTGJENGER
FARE
POLITI
GATE
SIKKERHET
TRANSPORT
TRAFIKK
TUNNEL

2 - Antiguidades

A	U	T	E	N	T	I	S	K	P	V	V	S	J	S	X
D	E	K	O	R	A	T	I	V	R	E	Z	A	E	K	G
Å	R	H	U	N	D	R	E	B	I	R	B	M	J	U	E
R	P	S	J	A	C	K	D	P	S	D	K	L	A	L	Q
I	E	W	Q	G	C	W	A	G	O	I	A	E	M	P	U
Q	L	S	W	E	N	A	N	A	Q	A	U	R	G	T	K
E	N	G	T	E	P	I	G	L	M	T	K	E	A	U	U
P	S	T	N	A	C	R	R	L	C	S	S	L	M	R	N
K	F	R	A	M	U	E	K	E	Y	A	J	B	M	K	S
V	B	E	G	U	G	R	W	R	T	I	O	Ø	E	N	T
A	K	P	E	B	V	F	E	I	F	S	N	M	L	A	Q
L	E	D	L	I	O	A	L	R	L	U	E	J	S	S	Z
I	R	X	E	R	Q	D	N	C	I	T	V	V	B	A	W
T	D	Y	P	W	W	G	Q	L	M	N	K	F	N	U	W
E	M	Y	N	T	E	R	T	G	I	E	G	E	O	I	R
T	U	L	S	C	C	H	U	J	H	G	S	S	T	I	L

KUNST
AUTENTISK
SAMLER
DEKORATIV
ELEGANT
ENTUSIAST
SKULPTUR
STIL
GALLERI
UVANLIG
INVESTERING
AUKSJON
MØBLER
MYNTER
PRIS
KVALITET
RESTAURERING
ÅRHUNDRE
VERDI
GAMMEL

3 - Churrascos

M	I	D	D	A	G	B	S	S	O	M	M	E	R	J	U
C	M	L	U	A	X	J	A	Y	O	U	O	C	A	B	M
K	Y	L	L	I	N	G	L	E	P	W	M	W	U	E	Q
I	O	U	X	H	C	J	T	E	R	E	T	A	L	A	S
N	H	A	T	K	U	R	F	T	E	F	P	S	A	U	S
V	G	O	M	O	E	E	B	D	O	Q	E	P	M	X	W
I	F	R	R	I	M	K	K	I	S	U	M	L	E	K	W
T	V	O	A	K	S	A	N	F	X	Q	D	B	A	R	L
A	C	O	V	L	A	S	T	S	P	I	L	L	R	C	F
S	A	M	J	M	Q	N	W	E	I	L	I	M	A	F	B
J	F	J	U	P	K	N	K	T	R	I	I	D	Q	N	A
O	V	K	A	T	P	Ø	N	Y	J	A	K	Q	S	K	R
N	E	N	S	A	Q	R	I	K	K	S	B	G	G	V	N
S	J	J	I	S	H	G	V	S	Q	D	N	O	Y	C	Y
N	E	H	O	H	U	E	E	A	R	D	S	U	L	T	S
G	R	I	L	L	E	G	R	U	A	C	T	T	L	Y	R

LUNSJ
INVITASJON
BARN
KNIVER
FAMILIE
SULT
KYLLING
FRUKT
GRILLE
MIDDAG
SPILL
GRØNNSAKER
SAUS
MUSIKK
PEPPER
VARMT
SALT
SALATER
TOMATER
SOMMER

4 - Pesca

V	J	O	W	X	F	K	K	K	L	O	N	C	B	F	S
B	A	G	I	B	I	W	R	Q	L	L	M	E	N	C	G
T	D	N	P	Å	N	G	A	V	R	B	K	U	R	V	F
G	E	I	N	T	N	K	O	K	K	N	V	P	M	D	L
P	L	N	R	B	E	O	L	V	F	U	R	T	E	D	A
P	V	D	X	D	N	D	F	L	B	W	S	M	D	Z	F
T	R	E	L	L	E	J	G	E	E	U	H	J	O	Z	C
M	V	L	F	H	U	K	Y	P	K	T	E	Z	X	B	C
H	Q	B	U	L	Y	L	J	V	I	S	J	A	H	T	N
S	W	P	D	F	J	K	K	O	X	T	A	Y	F	A	Q
L	H	K	V	E	K	T	J	S	K	Y	Z	Y	O	N	V
S	T	R	A	N	D	J	K	E	T	R	I	F	H	A	R
I	N	N	S	J	Ø	O	O	Z	V	R	U	T	X	R	P
X	E	S	L	E	V	I	R	D	R	E	V	O	V	U	Z
T	Å	L	M	O	D	I	G	H	E	T	L	X	A	W	A
P	T	K	R	O	K	Å	R	S	T	I	D	F	O	T	M

VANN
FINNENE
BÅT
GJELLER
KURV
KOKK
UTSTYR
OVERDRIVELSE
LEDNING
KROK
AGN
INNSJØ
KJEVE
HAV
TÅLMODIGHET
VEKT
STRAND
ELV
ÅRSTID

5 - Geologia

O	L	N	W	S	G	Z	C	A	S	L	R	N	V	K	C
K	O	N	T	I	N	E	N	T	K	A	P	H	D	V	R
E	Z	M	L	R	W	M	A	P	A	S	L	E	L	A	Y
R	D	N	I	E	T	S	K	Q	L	T	L	T	A	R	S
O	P	A	S	W	H	Y	L	F	S	A	A	G	V	T	T
S	J	A	S	Z	M	R	U	I	I	L	R	O	A	S	A
J	T	I	O	S	Q	E	V	Z	U	A	O	B	E	B	L
O	L	M	F	B	T	Z	L	Z	M	K	K	S	O	N	E
N	V	H	M	I	N	R	Y	U	I	T	C	N	Z	U	R
E	B	N	C	A	N	Y	Y	V	H	I	X	T	P	B	W
Q	C	K	P	X	D	L	E	P	O	T	J	P	Z	B	Q
J	O	R	D	S	K	J	E	L	V	T	W	L	Q	V	X
E	C	A	A	C	A	B	O	I	T	A	F	A	E	J	O
H	W	R	E	T	T	I	M	G	A	L	A	T	S	X	E
K	K	M	I	N	E	R	A	L	E	R	A	Å	E	J	W
N	L	R	T	O	Z	Q	M	U	E	T	R	G	Z	Y	W

SYRE
LAG
HULE
KALSIUM
KONTINENT
KORALL
CRYSTAL
EROSJON
STALAKTITT
STALAGMITTER

FOSSILT
LAVA
MINERALER
STEIN
PLATÅ
KVARTS
SALT
JORDSKJELV
VULKAN
SONE

6 - Tempo

N	Q	G	P	A	H	I	P	V	Q	J	H	Z	V	Y	Å
A	E	V	B	S	K	H	Y	D	Z	F	R	F	T	Q	R
T	K	G	A	D	I	L	S	B	W	R	B	F	R	Å	H
T	K	F	R	Ø	F	Q	I	D	H	E	D	D	Z	R	U
T	O	N	Å	O	D	F	W	T	M	M	E	D	B	X	N
U	L	Z	G	Y	M	Q	N	X	W	T	U	X	F	D	D
N	K	K	I	L	B	E	Y	Ø	U	I	U	H	Q	I	R
I	Q	H	F	Z	A	V	K	D	K	D	E	N	Å	M	E
M	Å	W	X	I	G	Q	L	W	E	F	G	K	A	T	O
J	F	R	T	I	M	E	K	A	L	E	N	D	E	R	C
Z	V	D	L	U	S	Z	W	V	X	L	R	T	F	O	C
H	H	Q	A	I	M	I	D	D	A	G	S	T	I	D	G
Y	Z	T	E	G	G	D	I	T	Z	A	I	O	N	H	J
G	T	I	X	N	A	Q	G	D	F	W	O	C	Å	U	G
D	N	Å	Q	I	S	D	C	M	Z	L	A	R	A	L	L
X	Q	R	H	R	Y	K	A	O	N	C	L	T	P	Y	Y

NÅ
ÅR
FØR
ÅRLIG
KALENDER
TIÅR
DAG
FREMTID
I DAG
TIME

MORGEN
MIDDAGSTID
MÅNED
MINUTT
ØYEBLIKK
NATT
I GÅR
KLOKKE
UKE
ÅRHUNDRE

7 - Astronomia

F	A	V	O	N	R	E	P	U	S	O	M	S	O	K	K
T	O	S	T	Y	N	G	D	E	K	R	A	F	T	C	O
X	R	R	T	P	J	L	Y	Z	K	U	C	M	G	V	N
X	P	O	M	E	K	Å	T	E	N	R	E	J	T	S	S
N	H	A	A	Ø	R	O	E	T	E	M	D	Z	V	M	T
Y	I	M	U	I	R	O	T	A	V	R	E	S	B	O	E
R	A	K	E	T	T	K	I	U	Z	N	S	A	S	N	L
E	X	O	N	I	U	Q	E	D	B	M	T	S	O	O	L
W	G	S	H	A	D	Q	Z	L	E	T	R	T	L	R	A
E	S	B	W	X	A	U	V	L	S	F	Å	R	A	T	S
H	I	M	M	E	L	J	V	C	Z	E	L	O	R	S	J
P	L	A	N	E	T	T	O	O	W	C	I	N	D	A	O
U	N	I	V	E	R	S	B	R	Q	Q	N	A	F	Y	N
K	W	P	W	F	G	M	E	D	D	S	G	U	X	J	Z
C	V	Z	I	W	U	O	L	M	Å	N	E	T	D	K	A
P	Y	D	J	A	E	K	E	L	U	F	A	F	A	I	J

ASTEROIDE
ASTRONAUT
ASTRONOM
HIMMEL
KONSTELLASJON
KOSMOS
FORMØRKELSE
EQUINOX
RAKETT
TYNGDEKRAFT
MÅNE
METEOR
STJERNETÅKE
OBSERVATORIUM
PLANET
STRÅLING
SOLAR
SUPERNOVA
JORD
UNIVERS

8 - Acampamento

U	B	Ø	A	H	U	G	R	P	S	T	G	E	Y	T	D
K	T	J	Z	I	Y	C	V	W	Y	S	K	V	F	Y	R
Y	K	S	T	A	U	T	M	Å	N	E	A	E	J	O	J
W	E	N	T	Q	X	L	T	C	C	B	R	N	E	C	T
Y	S	N	Q	Y	I	E	H	E	X	W	T	T	L	J	J
P	N	I	U	M	R	T	Z	K	F	Q	W	Y	L	A	F
Z	I	I	Y	D	K	G	Q	A	X	C	V	R	A	K	F
H	R	L	Y	G	O	K	S	N	V	I	Y	G	C	T	K
A	U	M	W	A	M	C	T	O	V	X	T	Z	W	H	C
W	I	G	I	Q	P	E	X	F	Z	R	M	D	N	A	B
X	T	J	J	R	A	O	D	Z	G	S	S	N	L	T	Y
T	M	Z	B	H	S	V	B	O	B	R	A	N	N	T	J
A	W	E	N	H	S	K	M	A	R	B	F	V	K	I	P
T	R	Æ	R	U	T	A	N	D	M	D	O	A	U	Y	S
H	F	K	D	B	D	L	A	V	W	V	Y	P	U	J	C
N	H	E	N	G	E	K	Ø	Y	E	K	X	R	T	D	I

DYR
EVENTYR
TRÆR
KOMPASS
HYTTE
JAKT
KANO
HATT
TAU
UTSTYR
SKOG
BRANN
INSEKT
INNSJØ
MÅNE
HENGEKØYE
KART
FJELL
NATUR
TELT

9 - Ficção Científica

U	N	D	V	P	L	A	N	E	T	O	H	P	L	K	N
J	O	Q	W	E	Z	Z	U	F	S	H	S	H	N	A	O
M	J	B	S	K	R	T	Z	H	F	Y	G	R	S	O	X
A	S	C	B	M	E	D	H	U	D	O	X	L	P	N	A
T	U	C	Q	C	K	T	E	P	K	H	H	A	K	E	K
Z	L	C	D	T	Ø	X	V	N	S	H	F	D	L	G	E
Y	L	S	M	J	B	C	W	R	I	N	A	F	E	A	H
W	I	G	O	L	O	N	K	E	T	O	N	I	K	B	G
P	V	K	W	B	L	N	M	J	S	J	T	P	A	T	T
K	S	I	T	S	Y	M	C	F	I	S	A	O	R	I	Q
Y	E	O	K	W	B	O	E	L	R	O	S	T	O	N	D
I	Y	W	J	C	B	T	S	R	U	L	T	S	R	N	Y
N	Q	W	K	S	O	A	U	E	T	P	I	Y	D	B	G
R	O	B	O	T	E	R	C	J	U	S	S	D	E	I	G
U	T	O	P	I	P	Z	W	U	F	K	K	T	T	L	E
B	R	A	N	N	A	Z	Y	H	D	E	D	E	E	T	C

ATOM
KINO
FJERN
DYSTOPI
EKSPLOSJON
EKSTREM
FANTASTISK
BRANN
FUTURISTISK
GALAXY
ILLUSJON
INNBILT
BØKER
MYSTISK
VERDEN
ORAKEL
PLANET
ROBOTER
TEKNOLOGI
UTOPI

10 - Mitologia

A	I	X	J	K	C	B	Z	R	R	V	O	K	U	K	P
G	N	I	N	P	A	K	S	Z	D	Q	L	R	F	A	O
I	A	S	C	U	U	L	T	H	V	T	C	I	M	T	P
L	Y	N	S	K	A	P	E	L	S	E	B	G	A	A	P
E	U	D	Ø	D	E	L	I	G	H	E	T	E	Y	S	F
D	M	A	G	I	S	K	T	S	Z	C	I	R	E	T	Ø
Ø	V	W	D	Q	U	H	M	O	N	S	T	E	R	R	R
D	H	T	O	R	D	E	N	S	M	V	N	N	U	O	S
D	F	G	Q	D	G	P	V	J	J	G	I	N	T	F	E
L	V	I	W	U	H	Y	E	A	S	Y	R	I	L	E	L
E	E	V	D	B	X	T	H	L	T	E	Y	T	U	G	F
L	D	G	G	Q	S	E	O	U	Y	X	B	L	K	W	V
L	V	A	E	F	L	K	Q	S	R	Y	A	E	D	G	P
H	E	L	T	N	I	R	U	I	K	T	L	H	V	R	B
V	P	B	C	Y	D	A	F	T	E	J	X	W	X	H	B
Q	K	D	E	W	P	E	F	H	E	S	M	B	I	H	X

ARKETYPE
SJALUSI
OPPFØRSEL
SKAPELSE
SKAPNING
KULTUR
KATASTROFE
STYRKE
KRIGER
HELTINNE

HELT
UDØDELIGHET
LABYRINT
LEGENDE
MAGISK
MONSTER
DØDELIG
LYN
TORDEN
HEVN

11 - Medições

M	U	L	O	V	V	K	H	C	E	D	A	R	G	L	B
V	A	V	U	R	V	I	T	M	O	Y	E	E	C	E	T
J	E	S	D	E	S	I	M	A	L	B	J	T	O	N	O
G	G	T	S	R	W	G	H	M	I	D	S	I	C	G	N
G	B	O	U	E	T	Y	B	T	K	E	V	L	V	D	N
G	L	M	A	T	R	S	O	C	Q	P	S	B	C	E	U
R	X	M	Y	E	R	H	S	Y	C	R	J	U	K	K	U
X	I	E	X	M	M	I	N	U	T	T	U	T	B	A	O
R	M	U	B	I	K	Z	H	Z	G	Y	O	O	B	A	N
U	Y	Z	I	T	Z	X	W	Ø	Q	C	N	D	Z	N	U
G	Y	F	F	N	U	O	R	S	Y	B	Y	H	Q	M	K
M	Z	A	N	E	G	U	N	S	E	D	U	S	G	T	J
Z	E	O	T	C	U	F	A	G	I	T	E	F	G	E	W
W	I	T	I	X	P	X	E	I	I	L	T	F	R	Z	X
E	A	T	E	B	R	E	D	D	E	E	Y	N	A	P	A
L	Q	L	Z	R	E	T	E	M	O	L	I	K	M	Y	D

HØYDE
BYTE
CENTIMETER
LENGDE
DESIMAL
GRAM
GRAD
BREDDE
LITER
MASSE
METER
MINUTT
UNSE
VEKT
TOMME
DYBDE
KILO
KILOMETER
TONN
VOLUM

12 - Álgebra

R	F	I	H	E	D	Y	K	O	V	Z	U	Q	P	F	M
Y	L	I	G	M	I	L	D	S	A	K	R	L	T	Z	E
M	U	S	S	W	A	N	F	E	R	Æ	E	N	I	L	L
L	E	Q	O	U	G	D	O	N	I	O	M	J	U	F	B
E	I	N	V	Z	R	C	R	O	A	C	M	U	X	J	O
O	K	G	G	O	A	F	E	J	B	N	U	W	Z	E	R
B	K	Q	N	D	M	G	N	S	E	T	N	E	R	A	P
W	R	A	D	I	E	L	K	K	L	E	M	R	O	F	Q
O	D	Ø	T	A	N	I	L	A	Y	Q	A	X	T	S	E
T	O	M	K	P	P	G	E	R	N	U	L	L	K	U	P
C	D	M	U	D	Q	Q	J	T	D	R	Y	G	A	U	S
F	A	L	S	K	E	O	D	B	T	D	U	L	F	Q	B
X	E	B	O	J	U	L	Y	U	M	A	T	R	I	S	E
U	E	N	D	E	L	I	G	S	D	J	S	K	C	B	M
I	F	W	L	E	K	S	P	O	N	E	N	T	E	C	F
G	A	L	I	W	L	Ø	S	N	I	N	G	D	S	L	U

DIAGRAM
LIGNING
EKSPONENT
FALSK
FAKTOR
FORMEL
BRØKDEL
UENDELIG
LINEÆR
MATRISE
NUMMER
PARENTES
PROBLEM
MENGDE
FORENKLE
LØSNING
SUM
SUBTRAKSJON
VARIABEL
NULL

13 - Plantas

F	I	R	P	A	R	B	J	L	F	A	K	W	R	L	K
U	E	Z	U	D	A	L	B	N	O	R	K	S	U	B	T
R	L	A	A	C	R	O	O	Z	Z	F	E	S	W	F	B
T	S	B	W	K	O	M	E	L	K	X	K	E	Y	L	N
F	Q	C	V	V	L	S	V	O	S	V	Z	R	T	G	T
B	M	H	Q	K	F	T	U	S	K	O	G	G	G	K	R
Æ	P	P	K	N	U	V	O	T	T	A	D	F	E	G	Q
R	I	K	B	R	A	J	Q	I	K	R	E	V	V	Ø	L
Z	F	F	S	W	Z	I	E	E	G	A	H	Q	B	U	V
V	E	G	E	T	A	S	J	O	N	K	K	B	R	M	J
Q	G	A	R	U	F	D	L	N	X	A	E	Ø	O	V	G
V	F	N	M	S	R	V	G	R	J	E	V	N	T	J	Z
Y	L	Z	R	C	Y	T	Y	M	Y	Y	K	N	W	P	M
G	J	Ø	D	S	E	L	F	T	M	Ø	C	E	B	S	U
B	O	T	A	N	I	K	K	U	R	F	O	A	C	M	H
F	Q	Q	N	B	A	M	B	U	S	E	S	O	M	T	E

BUSK
TRE
BÆR
BAMBUS
BOTANIKK
KAKTUS
URT
BØNNE
GJØDSEL
BLOMST
FLORA
SKOG
LØVVERK
GRESS
EFØY
HAGE
MOSE
KRONBLAD
ROT
VEGETASJON

14 - Veículos

U	F	V	O	A	R	I	N	A	I	W	H	W	D	G	Y
N	S	A	Q	Q	T	U	A	I	E	G	O	T	A	R	S
D	Y	Z	W	F	N	R	H	F	I	D	E	Y	G	E	H
E	K	G	G	L	X	X	J	Z	J	U	H	F	F	H	Z
R	K	P	P	K	B	U	S	S	P	I	X	H	C	E	V
V	E	A	Q	F	K	T	X	E	X	Y	I	X	A	T	A
A	L	P	B	C	N	E	S	N	A	L	U	B	M	A	R
N	Y	B	J	A	K	E	D	T	B	F	I	F	P	V	E
N	C	R	T	R	A	K	T	O	R	I	U	B	I	Y	B
S	A	E	L	Y	E	F	Q	O	H	U	C	G	N	S	I
B	K	T	J	A	S	E	K	M	R	T	R	E	G	C	L
Å	J	O	Y	I	M	R	M	O	I	A	A	C	V	Q	K
T	U	O	O	Y	M	J	X	T	Å	B	K	S	O	T	I
Y	S	C	Q	K	G	E	G	O	R	W	E	G	G	T	T
L	A	S	T	E	B	I	L	R	S	O	T	V	N	T	Z
H	E	L	I	K	O	P	T	E	R	E	T	Å	L	F	D

AMBULANSE
FLY
FERJE
BÅT
SYKKEL
LASTEBIL
CAMPINGVOGN
BIL
RAKETT
VAREBIL
HELIKOPTER
FLÅTE
SCOOTER
MOTOR
BUSS
DEKK
UNDERVANNSBÅT
TAXI
TRAKTOR

15 - Engenharia

T	K	B	O	S	I	F	C	R	Y	S	D	H	D	S	D
W	X	E	D	B	Y	D	D	U	Y	D	I	X	I	A	I
G	H	R	S	T	Y	R	K	E	L	I	A	I	E	L	M
M	T	E	T	I	L	I	B	A	T	S	G	A	S	T	E
I	G	G	P	U	U	D	E	K	H	T	R	G	E	M	N
M	N	N	K	A	H	P	S	O	M	R	A	F	L	Å	S
Q	E	I	G	R	E	N	E	N	A	I	M	J	L	L	J
T	V	N	R	T	G	M	G	S	S	B	M	R	X	E	O
F	K	G	M	I	H	R	U	T	K	U	R	T	S	K	N
I	I	K	H	Y	O	K	U	R	I	S	A	R	T	N	E
R	H	R	Q	A	Z	I	K	U	N	J	V	K	S	I	R
D	I	A	M	E	T	E	R	K	U	O	K	Æ	S	V	E
M	H	W	Z	C	P	H	T	S	Z	N	A	H	S	E	E
E	T	Z	S	P	M	T	U	J	V	V	K	E	K	K	R
R	M	O	T	O	R	W	L	O	D	M	H	I	G	N	E
F	P	E	X	A	V	T	E	N	O	J	S	K	I	R	F

FRIKSJON
VINKEL
BEREGNING
KONSTRUKSJON
DIAGRAM
DIAMETER
DIESEL
DIMENSJONER
DISTRIBUSJON
AKSER
ENERGI
STABILITET
STRUKTUR
STYRKE
VÆSKE
MASKIN
MÅL
MOTOR
DYBDE
FREMDRIFT

16 - Restaurante # 2

D	V	D	V	F	K	M	B	M	Y	G	G	R	Y	S	S
R	P	R	Z	P	K	R	G	X	W	R	A	N	J	K	A
I	L	T	O	L	G	O	Y	E	T	Y	D	F	O	J	L
K	D	S	H	E	K	Z	K	D	F	Q	D	P	F	E	A
K	C	K	Y	U	J	C	M	K	D	C	I	W	X	E	T
G	R	Ø	N	N	S	A	K	E	R	E	M	N	G	O	L
Z	K	D	R	H	N	W	X	P	Z	K	R	F	I	S	K
T	U	L	T	Y	U	X	R	P	T	A	A	R	L	Y	I
S	T	O	L	G	L	S	K	U	D	K	S	C	I	Z	N
V	A	N	N	T	L	Z	T	S	X	N	J	F	E	R	B
L	H	R	T	B	X	C	D	R	O	X	N	Q	D	Z	C
S	T	E	S	A	L	T	T	E	R	R	O	F	Z	I	Q
S	W	L	V	D	L	Y	P	I	L	O	U	A	M	A	G
G	W	D	U	U	B	Y	W	T	S	A	W	C	O	O	S
F	R	U	K	T	Y	R	B	U	X	O	H	Z	H	Q	F
T	Q	N	K	E	L	N	E	R	U	W	X	T	Q	S	Y

LUNSJ
FORRETT
VANN
DRIKK
KAKE
STOL
SKJE
DEILIG
KRYDDER
FRUKT
KELNER
GAFFEL
IS
MIDDAG
GRØNNSAKER
NUDLER
FISK
SALT
SALAT
SUPPE

17 - Países #2

U	S	I	C	R	P	X	P	T	A	C	H	L	J	M	Q
F	K	M	P	O	U	N	W	I	D	J	A	I	S	N	B
G	R	R	U	W	E	S	A	H	K	Z	I	B	T	D	H
E	A	C	A	I	R	Y	S	E	T	N	T	A	H	C	O
B	M	W	I	I	E	Z	C	L	J	F	I	N	W	Z	C
Y	N	M	R	D	N	A	U	F	A	X	I	O	P	X	W
L	A	P	E	N	A	A	J	U	P	N	U	N	T	J	T
S	D	R	G	A	T	I	V	A	Q	J	D	A	S	Y	O
O	B	E	I	L	S	S	J	C	H	E	L	L	A	S	U
M	C	G	N	R	I	E	K	I	R	K	N	A	R	F	R
A	H	I	T	I	K	N	O	A	M	E	H	I	H	B	M
L	Z	A	X	F	A	O	C	M	Z	X	J	N	L	R	Y
I	R	B	I	E	P	D	L	A	O	S	A	A	Y	K	R
A	Y	U	E	K	M	N	X	J	O	N	P	B	F	H	S
P	L	L	H	Q	P	I	F	J	Q	Z	A	L	J	G	P
X	J	A	J	Z	M	O	M	L	A	D	N	A	G	U	A

ALBANIA
DANMARK
FRANKRIKE
HELLAS
HAITI
INDONESIA
IRLAND
JAMAICA
JAPAN
LAOS
LIBANON
MEXICO
NEPAL
NIGERIA
PAKISTAN
RUSSLAND
SYRIA
SOMALIA
UKRAINA
UGANDA

18 - Cozinha

L	K	C	D	I	E	Z	N	Y	I	P	I	C	T	Q	G
O	V	N	W	U	A	U	N	K	H	G	X	A	E	S	G
K	E	P	M	U	G	G	E	G	G	T	J	Ø	E	G	R
C	T	H	L	G	Q	U	D	K	J	E	L	E	S	Y	I
A	F	M	A	P	A	K	S	E	L	Ø	J	K	B	E	L
H	I	M	U	G	Q	F	K	N	I	V	E	R	O	K	L
K	R	Y	D	D	E	R	L	T	K	P	S	E	L	K	E
F	K	Y	F	I	W	G	E	E	M	F	J	S	L	U	X
U	S	I	M	B	W	O	M	P	R	G	Q	Y	E	R	L
S	P	M	A	V	S	L	G	L	P	W	O	R	C	K	P
J	P	S	E	R	V	I	E	T	T	O	R	F	P	N	J
C	O	F	F	L	P	L	H	R	Z	A	K	O	T	S	X
V	L	U	O	F	O	V	O	A	W	G	W	R	I	M	V
Z	J	N	S	N	N	K	K	N	K	Z	J	K	N	V	F
F	M	K	T	S	F	F	T	Q	L	V	K	L	E	F	E
S	P	I	S	E	P	I	N	N	E	R	E	E	J	K	S

FORKLE
KJELE
SKJEER
ØSE
KOPPER
KRYDDER
SVAMP
KNIVER
OVN
FRYSER
GAFLER
KJØLESKAP
GRILLE
SERVIETT
KRUKKE
MUGGE
SPISEPINNER
OPPSKRIFT
BOLLE

19 - Material de Arte

L	L	Q	H	V	Q	U	R	F	C	C	I	H	L	T	H
O	E	L	E	A	R	G	I	T	W	D	N	I	J	V	T
T	Y	I	T	F	A	R	G	E	R	M	A	L	I	N	G
S	G	X	R	X	R	I	U	T	E	R	U	H	O	W	Q
U	H	T	E	E	B	P	W	I	T	E	Q	B	O	R	D
A	U	T	E	U	R	A	N	V	N	B	N	T	O	K	K
T	F	P	J	I	E	P	Q	I	A	V	E	F	L	U	V
V	I	S	K	E	L	Æ	R	T	Y	P	A	K	J	L	Q
O	P	R	D	K	L	G	H	A	L	R	V	N	E	L	H
B	Ø	R	S	T	E	R	J	E	B	Z	E	Y	N	P	M
A	K	R	Y	L	R	L	O	R	I	T	T	T	L	R	F
K	A	M	E	R	A	N	B	K	L	I	M	S	Z	N	E
W	K	J	Q	Y	V	S	T	A	F	F	E	L	I	I	A
U	U	E	W	E	K	X	Z	S	M	B	T	W	J	S	H
H	T	C	W	C	A	M	O	K	W	R	I	E	V	G	A
K	N	B	P	S	Z	X	I	X	V	O	Q	P	O	R	W

AKRYL
VISKELÆR
AKVARELLER
LEIRE
VANN
STOL
KULL
STAFFELI
KAMERA
LIM

FARGER
KREATIVITET
BØRSTER
BLYANTER
BORD
OLJE
PAPIR
BLEKK
MALING

20 - Números

V	H	E	S	K	E	S	E	F	F	T	R	E	I	W	S
U	B	N	M	E	F	H	H	P	E	L	E	Z	Q	Q	T
T	O	E	G	X	K	K	K	B	M	G	Q	R	G	L	I
T	Y	T	D	L	W	S	B	H	T	N	U	L	L	A	I
F	H	T	U	S	Y	V	T	O	E	S	X	U	K	M	B
I	F	E	E	W	O	L	W	E	N	N	N	A	P	I	H
R	T	R	K	Z	V	O	P	D	N	E	T	T	Y	S	N
E	J	T	K	P	I	T	O	A	T	T	E	N	X	E	U
C	U	A	H	Y	Q	H	U	E	I	R	P	D	V	D	A
G	E	T	E	X	O	R	O	Y	E	O	V	X	O	P	J
W	B	G	G	V	Y	P	R	S	O	J	I	Q	H	L	J
V	V	D	J	I	Å	T	T	E	Z	F	G	Q	G	G	C
V	X	A	Y	S	T	S	B	J	D	U	X	N	P	O	W
D	H	U	Q	Z	T	A	A	W	G	Z	V	Q	S	J	W
W	X	B	G	G	O	I	A	M	Y	Q	M	R	M	V	R
R	W	X	G	B	S	P	T	X	A	Q	V	V	G	J	E

FEM
DESIMAL
TI
SEKSTEN
SYTTEN
ATTEN
TO
TOLV
NI
ÅTTE
FJORTEN
FIRE
FEMTEN
SEKS
SYV
TRETTEN
TRE
EN
TJUE
NULL

21 - Física

F	A	F	R	A	E	L	E	K	T	R	O	N	V	F	A
T	R	V	L	T	U	T	V	I	D	E	L	S	E	P	K
E	V	E	Y	O	M	E	K	A	N	I	K	K	A	K	S
T	A	F	K	M	U	M	Z	U	Q	R	X	P	H	O	E
T	H	I	E	V	G	A	A	J	M	O	T	O	R	C	L
H	G	Q	L	V	E	P	A	R	T	I	K	K	E	L	E
E	X	G	O	Z	S	N	N	K	D	M	S	S	M	E	R
T	J	Z	M	O	L	T	S	O	A	K	H	I	A	M	A
P	T	Y	N	G	D	E	K	R	A	F	T	M	G	R	S
N	M	S	M	A	S	S	E	P	X	C	V	E	N	O	J
A	U	M	T	P	J	F	V	S	X	L	E	J	E	F	O
Y	O	K	N	N	G	S	N	J	Z	L	U	K	T	O	N
J	J	D	L	L	E	S	R	E	V	I	N	U	I	M	D
B	H	B	T	E	Z	A	T	E	H	G	I	T	S	A	H
Z	O	N	L	R	Æ	G	K	M	Z	I	A	Q	M	M	D
Y	G	T	W	X	E	R	D	W	L	G	P	D	E	P	Y

AKSELERASJON
ATOM
KAOS
TETTHET
ELEKTRON
UTVIDELSE
FORMEL
FREKVENS
GASS
TYNGDEKRAFT
MAGNETISME
MASSE
MEKANIKK
MOLEKYL
MOTOR
NUKLEÆR
PARTIKKEL
KJEMISK
UNIVERSELL
HASTIGHET

22 - Especiarias

S	I	X	O	K	A	M	S	R	O	Q	X	U	E	S	B
Z	G	K	A	Ø	O	M	P	G	T	U	R	I	X	P	Z
G	E	X	L	L	V	R	E	P	P	E	P	L	W	I	U
Q	F	C	Y	T	R	A	I	V	Y	D	L	E	D	S	T
L	A	K	K	I	N	P	N	A	H	Y	L	P	S	S	K
M	Y	K	A	V	R	E	S	I	N	A	Ø	Z	P	K	A
C	Y	C	N	H	C	U	R	J	L	D	K	N	V	U	R
C	F	R	E	T	T	I	B	T	H	J	E	Q	R	M	D
S	Z	A	L	M	Z	P	Q	F	I	Y	E	R	B	M	E
V	S	U	V	S	G	S	A	L	T	E	E	D	M	E	M
Y	W	C	N	V	U	E	I	N	G	E	F	Æ	R	N	O
L	A	K	R	I	S	R	O	A	E	K	X	O	K	Y	M
B	Q	M	I	G	Z	A	W	R	N	C	T	R	A	K	M
F	E	N	N	I	K	E	L	F	M	C	F	W	R	Q	E
N	X	W	F	F	S	O	B	A	T	O	L	L	R	D	C
S	Ø	T	A	K	S	U	M	S	T	Q	H	B	I	H	K

SAFRAN
LAKRIS
HVITLØK
BITTER
ANIS
SUR
VANILJE
KANEL
KARDEMOMME
KARRI
LØK
KORIANDER
SPISSKUMMEN
SØT
FENNIKEL
INGEFÆR
MUSKAT
PEPPER
SMAK
SALT

23 - Países #1

V	X	D	E	Q	A	W	M	T	C	L	F	W	Y	W	K
E	J	J	M	F	I	W	A	Y	L	A	F	I	A	T	R
N	R	A	W	L	C	A	R	S	L	M	N	L	Y	Z	Q
E	R	Q	T	Y	E	O	O	K	Z	A	G	A	U	K	F
Z	R	N	K	N	Z	E	K	L	W	N	F	M	D	P	O
U	V	W	Y	T	J	G	K	A	Q	A	A	P	G	A	S
E	P	A	K	V	R	R	O	N	N	P	X	V	J	J	Z
L	C	B	V	M	A	O	K	D	Y	W	L	Z	C	S	S
A	P	K	K	H	I	N	D	I	A	E	O	H	K	D	E
E	G	Y	P	T	N	I	C	A	R	A	G	U	A	O	N
A	A	P	O	L	A	A	E	O	U	S	G	V	O	B	E
H	U	V	L	K	P	K	W	O	U	C	M	Y	E	M	G
T	K	K	L	I	S	A	R	B	H	M	E	D	Y	A	A
I	S	R	A	E	L	R	X	I	R	A	K	Q	V	K	L
F	I	N	L	A	N	D	J	F	P	O	L	E	N	S	K
I	T	A	L	I	A	I	K	N	C	S	H	E	J	S	Q

TYSKLAND
BRASIL
KAMBODSJA
CANADA
EGYPT
ECUADOR
SPANIA
FINLAND
IRAK
ISRAEL
ITALIA
INDIA
MALI
MAROKKO
NICARAGUA
NORGE
PANAMA
POLEN
SENEGAL
VENEZUELA

24 - A Mídia

L	H	V	R	F	U	H	M	D	F	R	M	S	S	D	I
M	E	N	I	N	G	T	W	V	Z	L	U	J	U	I	N
H	F	N	Z	S	M	Z	G	W	V	U	F	R	T	N	T
N	Z	Q	I	D	H	J	D	A	T	K	A	F	D	D	E
T	L	P	Z	L	O	D	I	U	V	D	F	Z	A	U	L
E	O	K	Q	A	N	X	G	Q	K	E	L	R	N	S	L
K	K	D	F	I	L	O	I	H	T	J	A	A	N	T	E
Z	A	F	K	R	E	V	T	T	E	N	O	W	I	R	K
D	L	N	Q	P	Y	T	A	W	R	Y	R	W	N	I	T
I	N	D	I	V	I	D	L	P	U	A	Z	P	G	U	U
B	S	M	P	G	H	Z	T	E	Z	B	D	R	F	O	E
H	O	L	D	N	I	N	G	E	R	E	S	I	V	A	L
O	F	F	E	N	T	L	I	G	T	V	U	D	O	L	L
N	D	K	P	L	K	S	C	S	H	B	I	L	D	E	R
F	I	N	A	N	S	I	E	R	I	N	G	E	T	F	J
K	O	M	M	U	N	I	K	A	S	J	O	N	X	S	J

HOLDNINGER
KOMMUNIKASJON
DIGITALT
UTGAVE
UTDANNING
FAKTA
FINANSIERING
BILDER
INDIVID
INDUSTRI
INTELLEKTUELL
AVISER
LOKAL
ONLINE
MENING
OFFENTLIG
RADIO
NETTVERK
TV

25 - Casa

L	E	K	V	D	G	C	U	T	A	K	T	Q	B	K	P
Q	O	O	J	O	L	A	O	L	E	Q	Z	U	R	I	E
Z	K	F	D	Ø	C	V	R	E	N	I	D	R	A	G	I
I	G	H	T	C	K	I	B	A	G	J	E	R	D	E	S
K	P	C	S	U	E	K	M	W	S	G	X	L	R	G	O
Z	H	Y	O	M	T	K	E	E	G	J	C	H	H	A	O
D	Ø	R	K	N	O	P	P	N	B	S	E	F	J	H	Q
Z	R	E	J	U	I	A	P	A	L	U	D	N	I	V	S
P	R	Q	X	Q	L	D	E	R	Y	D	J	O	C	I	K
A	G	Q	K	V	B	T	T	K	W	B	V	P	Z	X	O
T	O	V	D	Z	I	E	R	E	L	B	Ø	M	E	X	R
V	R	E	W	L	B	V	E	G	G	P	H	G	Z	L	S
Z	L	S	P	E	I	L	L	K	D	S	N	A	Q	C	T
I	Y	K	Q	R	O	M	K	M	N	S	J	V	B	A	E
X	S	D	N	Z	S	E	Ø	X	R	Y	F	F	O	D	I
G	P	Q	F	V	Y	D	N	T	W	T	K	I	F	X	N

BIBLIOTEK
GJERDE
SKORSTEIN
NØKLER
DUSJ
GARDINER
KJØKKEN
SPEIL
GARASJE
VINDU
HAGE
PEIS
MØBLER
VEGG
DØR
ROM
LOFT
TEPPE
KRAN
KOST

26 - Vegetais

T	B	S	D	S	G	I	W	M	K	Z	R	A	G	A	Y
E	T	B	B	F	I	U	N	V	M	W	F	X	R	R	Y
H	V	I	T	L	Ø	K	L	G	O	V	F	C	E	T	J
P	V	B	Q	R	J	Ø	X	R	E	P	E	N	S	I	O
P	O	T	E	T	E	L	J	H	O	F	P	J	S	S	P
P	N	A	N	L	J	T	A	M	O	T	Æ	K	K	J	E
O	S	N	I	F	R	T	W	S	C	Q	O	R	A	O	R
S	N	I	G	I	L	O	K	K	O	R	B	U	R	K	S
R	Z	P	R	J	D	L	Ø	U	O	J	N	G	N	K	I
K	C	S	E	F	T	A	L	A	S	M	P	A	Z	G	L
E	W	X	B	I	J	J	S	E	L	L	E	R	I	N	L
X	P	Y	U	N	E	S	M	E	K	A	X	F	J	C	E
X	A	G	A	Z	K	B	W	R	P	G	V	C	M	H	S
N	C	W	F	S	K	K	H	O	G	H	D	V	M	K	N
W	H	K	A	G	Y	K	Y	R	R	E	D	D	I	K	Y
X	S	Z	L	T	Z	J	L	O	U	Z	A	E	V	Q	D

GRESSKAR
SELLERI
ARTISJOKK
HVITLØK
POTET
AUBERGINE
BROKKOLI
LØK
GULROT
SJALOTTLØK
SOPP
ERT
SPINAT
INGEFÆR
NEPE
AGURK
REDDIK
SALAT
PERSILLE
TOMAT

27 - Balé

U	Ø	M	A	H	V	K	F	A	G	F	T	A	C	N	F
C	T	V	C	R	L	R	P	P	R	E	E	I	B	H	L
V	S	T	I	D	V	Q	P	P	A	R	T	T	P	S	I
N	E	F	R	N	U	D	V	L	S	D	I	E	R	D	X
J	G	M	G	Y	G	C	R	A	I	I	S	K	A	A	I
C	G	U	R	P	K	K	E	U	Ø	G	N	N	K	W	U
M	W	S	I	R	S	K	T	S	S	H	E	I	S	Y	K
E	T	I	F	L	I	T	S	K	U	E	T	K	I	Y	F
R	Y	K	D	R	R	L	E	F	L	T	N	K	S	F	K
E	Y	K	K	U	E	S	K	M	U	K	I	L	B	U	P
S	Y	T	A	A	N	I	R	E	L	L	A	B	T	T	S
N	C	E	M	U	T	E	O	T	X	F	L	C	V	E	V
A	Z	R	T	E	S	Z	L	Y	A	F	B	V	F	J	J
D	J	O	A	Z	N	W	O	U	I	T	N	O	D	Q	N
P	S	O	O	E	U	M	S	M	R	H	B	F	W	J	O
Y	G	G	X	Z	K	K	O	M	P	O	N	I	S	T	R

APPLAUS
KUNSTNERISK
BALLERINA
KOMPONIST
DANSERE
ØVING
STIL
UTTRYKKSFULL
GEST
GRASIØS
FERDIGHET
INTENSITET
MUSIKK
ORKESTER
PRAKSIS
PUBLIKUM
RYTME
SOLO
TEKNIKK

28 - Adjetivos #1

N	A	N	S	K	T	Y	N	N	A	S	N	E	W	C	H
Q	T	J	U	X	U	G	G	I	L	R	Æ	N	Z	X	X
S	T	M	Ø	R	K	N	M	X	D	N	A	O	R	Y	L
J	R	P	L	H	R	U	S	O	I	E	O	R	O	E	T
P	A	L	J	Q	F	T	Q	T	D	K	N	M	E	Y	J
E	K	S	I	T	S	Y	M	W	N	E	L	T	W	O	M
R	T	S	V	T	A	I	T	V	B	E	R	N	I	V	K
F	I	J	E	U	R	Q	D	S	O	J	R	N	O	S	Z
E	V	E	R	L	O	Q	S	T	I	J	I	I	E	F	K
K	B	N	D	O	M	C	I	O	A	M	L	O	S	Y	S
T	I	E	I	S	A	V	L	R	Q	A	A	Y	L	K	I
P	N	R	F	B	T	P	W	A	P	A	N	K	U	C	T
V	Y	Ø	U	A	I	V	I	P	M	B	G	V	H	N	O
K	A	S	L	W	S	Ø	I	R	E	S	S	T	Q	W	S
D	K	Q	L	C	K	L	O	W	T	F	O	D	E	I	K
J	Y	S	F	H	V	I	K	T	I	G	M	Q	Q	H	E

ABSOLUTT
AROMATISK
KUNSTNERISK
ATTRAKTIV
ENORM
MØRK
EKSOTISK
TYNN
SJENERØS
STOR
ÆRLIG
IDENTISK
VIKTIG
LANGSOM
MYSTISK
MODERNE
PERFEKT
TUNG
SERIØS
VERDIFULL

29 - Psicologia

P	O	B	G	X	X	A	A	U	B	N	O	N	Y	J	R
X	R	Q	H	Y	J	B	V	I	P	A	R	E	T	I	Z
X	J	O	Y	T	V	M	T	L	Y	T	R	I	D	B	U
R	O	G	B	C	W	L	A	Q	J	E	A	N	E	K	A
B	J	E	O	L	K	T	L	J	P	H	P	N	D	C	E
C	B	A	J	Q	E	F	E	Y	O	G	Å	O	K	O	O
I	D	F	R	E	M	M	Ø	R	D	I	V	J	S	E	M
O	P	P	F	A	T	N	I	N	G	L	I	S	I	F	R
O	P	P	F	Ø	R	S	E	L	Q	N	R	I	N	Ø	E
V	A	W	E	T	K	I	L	F	N	O	K	N	I	L	S
B	E	V	I	S	S	T	L	Ø	S	S	N	G	L	E	L
E	R	F	A	R	I	N	G	E	R	R	I	O	K	L	E
L	D	E	Z	Q	X	Q	Q	I	K	E	N	K	N	S	L
T	V	Y	D	X	M	G	K	G	X	P	G	N	G	E	Ø
V	I	R	K	E	L	I	G	H	E	T	E	J	I	K	F
K	S	R	Y	L	G	N	I	R	E	D	R	U	V	B	T

VURDERING
KLINISK
KOGNISJON
OPPFØRSEL
AVTALE
KONFLIKT
EGO
FØLELSER
ERFARINGER
BEVISSTLØS
BARNDOM
PÅVIRKNINGER
TANKER
OPPFATNING
PERSONLIGHET
PROBLEM
VIRKELIGHET
FØLELSE
DRØMMER
TERAPI

30 - Paisagens

V	C	G	K	C	T	I	X	H	K	M	E	J	T	E	I
G	I	H	U	S	R	H	S	A	D	M	R	A	E	A	Q
N	G	Y	H	X	Q	L	D	L	L	E	J	F	S	I	I
R	K	D	B	F	V	L	F	V	O	O	C	M	M	J	Ø
L	S	B	B	X	J	Y	Y	Ø	K	Z	X	E	X	Y	R
Z	L	I	N	N	S	J	Ø	Y	S	T	R	A	N	D	K
S	M	M	G	J	F	Å	P	M	S	D	X	J	A	W	E
T	U	P	L	U	V	Q	P	D	O	U	F	T	K	I	N
U	F	M	E	X	L	L	E	J	F	E	V	O	L	S	U
N	P	N	P	I	E	F	S	L	H	B	N	O	U	B	W
D	G	R	H	O	W	D	A	I	B	Q	O	S	V	R	H
R	I	Z	U	G	I	L	O	Y	E	U	O	K	T	E	U
A	K	Y	W	X	G	M	P	M	W	Z	X	X	T	M	L
Q	T	T	K	C	P	H	V	L	V	I	K	N	L	O	E
H	Q	Q	I	W	C	P	P	L	A	D	R	Q	A	F	U
N	S	G	S	V	K	Q	P	Q	H	U	O	I	B	H	O

FOSS
HULE
ÅS
ØRKEN
VIK
ISBRE
GULF
ISFJELL
ØY
INNSJØ
HAV
FJELL
OASE
SUMP
HALVØY
STRAND
ELV
TUNDRA
DAL
VULKAN

31 - Dança

T	V	Q	N	G	K	F	N	U	I	V	E	A	Q	E	Q
A	A	M	O	A	U	Ø	R	K	Q	H	I	W	P	Y	F
Y	D	E	X	U	L	L	G	L	X	Z	X	I	H	H	I
F	B	M	T	X	T	E	M	T	Y	R	K	I	D	R	T
G	P	D	K	W	U	L	E	O	P	P	O	R	K	O	R
N	T	S	I	M	R	S	L	A	I	I	R	Y	R	E	A
A	Ø	V	I	N	G	E	S	L	E	G	E	V	E	B	D
V	K	S	I	S	S	A	L	K	N	I	O	H	O	K	I
I	K	A	I	T	N	S	S	Z	Å	L	G	O	B	U	S
S	I	Z	D	K	U	N	S	T	D	E	R	L	M	L	J
U	S	M	J	E	Q	Q	G	O	E	D	A	D	A	T	O
E	U	T	N	P	M	I	X	G	O	E	F	N	S	U	N
L	M	G	G	P	V	I	E	D	K	L	I	I	Z	R	E
L	P	Y	W	O	B	V	W	T	X	G	G	N	N	E	L
K	U	Z	T	H	A	Z	Z	Q	D	O	Y	G	K	L	L
X	U	T	T	R	Y	K	K	S	F	U	L	L	D	L	I

AKADEMI
GLEDELIG
KUNST
KLASSISK
KOREOGRAFI
KROPP
KULTUR
KULTURELL
FØLELSE
ØVING
UTTRYKKSFULL
NÅDE
BEVEGELSE
MUSIKK
SAMBOER
HOLDNING
RYTME
HOPPE
TRADISJONELL
VISUELL

32 - Nutrição

K	V	U	I	K	G	V	A	P	P	E	T	I	T	T	F
A	I	M	D	Q	I	H	E	E	E	S	L	E	H	B	O
R	T	P	Z	Z	F	T	E	K	E	M	U	Y	O	O	R
B	A	O	O	R	T	K	G	F	T	A	L	O	G	U	D
O	M	U	W	V	E	B	A	A	B	K	N	A	A	S	Ø
H	I	J	R	Z	T	B	A	L	A	N	S	E	R	T	Y
Y	N	R	E	N	I	E	T	O	R	P	T	J	P	N	E
D	G	V	I	F	L	B	I	T	T	E	R	O	E	B	L
R	U	Z	R	A	A	M	T	L	B	Q	V	K	H	Z	S
A	N	J	O	M	V	T	G	E	D	G	Y	O	V	Z	E
T	J	N	L	C	K	S	U	N	N	T	E	C	S	Y	A
E	S	M	A	G	O	U	A	O	I	F	U	N	I	G	O
R	H	V	K	R	S	A	T	P	W	R	E	K	S	Æ	V
D	I	E	T	T	K	S	P	G	W	F	Æ	A	C	Z	Y
N	Æ	R	I	N	G	S	S	T	O	F	F	J	S	R	L
S	P	I	S	E	L	I	G	L	E	R	N	T	G	N	F

BITTER
APPETITT
KALORIER
KARBOHYDRATER
SPISELIG
DIETT
FORDØYELSE
BALANSERT
GJÆRING
VÆSKER
SAUS
NÆRINGSSTOFF
VEKT
PROTEINER
KVALITET
SMAK
SUNN
HELSE
GIFT
VITAMIN

33 - Energia

E	B	E	Q	R	G	I	M	F	C	O	D	M	U	L	X
N	E	F	L	Y	K	R	I	O	J	V	L	V	A	L	Q
T	N	V	E	E	W	C	L	T	V	I	N	D	I	D	P
R	S	T	S	J	K	R	J	O	M	E	F	A	V	V	J
O	I	U	N	S	S	T	Ø	N	E	G	O	R	D	Y	H
P	N	R	E	O	I	I	R	T	S	U	D	N	I	Q	W
I	N	B	R	A	R	I	F	O	L	K	A	S	Z	V	I
R	A	I	B	Y	T	V	Q	A	N	M	G	Q	I	A	V
E	D	N	V	D	K	M	N	B	W	J	X	C	W	R	K
T	M	I	F	Z	E	F	O	R	N	Y	B	A	R	M	A
T	M	O	E	A	L	M	Y	K	G	F	K	D	J	E	R
A	Y	P	T	S	E	N	U	K	L	E	Æ	R	C	N	B
B	R	V	I	O	E	Q	G	O	S	O	Y	Q	O	U	O
X	B	M	T	P	R	L	W	D	T	S	I	F	V	C	N
A	M	K	F	O	R	U	R	E	N	S	I	N	G	B	G
B	W	T	P	D	L	S	O	L	U	N	S	X	N	F	E

MILJØ
BATTERI
VARME
KARBON
BRENSEL
DIESEL
ELEKTRISK
ELEKTRON
ENTROPI
FOTON
BENSIN
HYDROGEN
INDUSTRI
MOTOR
NUKLEÆR
FORURENSING
FORNYBAR
SOL
TURBIN
VIND

34 - Disciplinas Científicas

M	E	T	E	O	R	O	L	O	G	I	M	A	L	Ø	T
S	Q	I	F	N	T	G	F	X	X	G	I	S	I	K	E
B	T	O	U	L	S	N	V	M	W	O	N	T	N	O	R
I	G	O	L	O	K	Y	S	P	M	L	E	R	G	L	M
T	G	O	I	Y	K	G	Z	I	D	O	R	O	V	O	O
Q	C	O	O	V	L	J	W	N	Y	R	A	N	I	G	D
G	E	O	L	O	G	I	E	H	G	V	L	O	S	I	Y
I	G	O	L	O	N	U	M	M	I	E	O	M	T	P	N
I	G	O	L	O	I	S	Y	F	I	N	G	I	I	O	A
A	Q	K	X	V	V	S	W	V	G	V	I	Y	K	F	M
S	C	R	V	A	R	K	E	O	L	O	G	I	K	W	I
A	N	A	T	O	M	I	U	N	Z	V	O	C	K	A	K
L	B	O	T	A	N	I	K	K	I	W	L	X	K	J	K
S	O	S	I	O	L	O	G	I	M	K	O	O	Q	J	W
B	I	O	K	J	E	M	I	M	C	C	I	L	E	B	C
Z	O	O	L	O	G	I	Z	W	I	O	B	G	T	F	N

ANATOMI
ARKEOLOGI
ASTRONOMI
BIOLOGI
BIOKJEMI
BOTANIKK
KINESIOLOGI
ØKOLOGI
FYSIOLOGI
GEOLOGI
IMMUNOLOGI
LINGVISTIKK
METEOROLOGI
MINERALOGI
NEVROLOGI
PSYKOLOGI
KJEMI
SOSIOLOGI
TERMODYNAMIKK
ZOOLOGI

35 - Meditação

V	X	H	J	N	L	G	N	F	A	G	T	K	P	N	M
E	V	F	Ø	L	E	L	S	E	R	K	F	R	E	D	E
N	Å	R	H	O	S	L	R	K	Z	M	S	O	J	E	N
N	K	T	O	U	L	U	K	J	L	A	U	E	J	D	T
L	E	A	L	H	E	S	I	N	N	L	Y	S	P	K	A
I	N	K	D	J	G	V	A	N	E	R	A	Y	I	T	L
G	O	K	N	R	E	K	N	A	T	Q	J	H	Q	K	D
H	J	N	I	D	V	I	T	K	E	P	S	R	E	P	K
E	S	E	N	D	E	P	W	E	L	S	W	U	K	Q	I
T	A	M	G	S	B	A	S	B	H	U	K	T	M	Q	U
P	V	L	Y	X	F	G	H	P	L	R	B	A	Y	S	M
R	R	I	Y	C	B	C	G	K	V	T	A	N	K	O	L
N	E	G	T	J	H	I	M	U	S	Z	U	L	S	O	L
X	S	H	M	E	D	F	Ø	L	E	L	S	E	K	X	H
M	B	E	O	P	P	M	E	R	K	S	O	M	H	E	T
X	O	T	E	H	L	L	I	T	S	P	C	P	Q	T	E

AKSEPT
VÅKEN
OPPMERKSOMHET
VENNLIGHET
KLARHET
MEDFØLELSE
FØLELSER
TAKKNEMLIGHET
VANER
MENTAL
SINN
BEVEGELSE
MUSIKK
NATUR
OBSERVASJON
FRED
TANKER
PERSPEKTIV
HOLDNING
STILLHET

36 - Artes Visuais

I	T	K	S	A	M	M	E	N	S	E	T	N	I	N	G
F	G	V	E	R	I	E	L	S	K	U	L	P	T	U	R
F	I	L	M	R	K	R	E	A	T	I	V	I	T	E	T
N	J	C	M	W	A	A	R	K	I	T	E	K	T	U	R
B	U	A	A	M	Q	M	L	V	V	X	K	R	R	S	U
M	L	X	M	Q	E	U	I	F	A	R	G	O	T	O	F
A	P	Y	Y	W	M	S	N	K	O	D	H	A	T	N	S
L	E	F	A	N	S	K	T	B	K	K	F	R	E	P	T
E	R	H	I	N	R	O	S	E	T	N	Y	T	R	P	A
R	S	G	F	N	T	V	J	Y	R	L	I	I	T	E	F
I	P	S	N	E	T	O	A	I	M	V	L	S	R	Z	F
M	E	A	F	P	I	K	B	H	D	D	E	T	O	K	E
Y	K	L	E	A	R	Y	L	L	A	K	K	R	P	T	L
K	T	F	H	V	K	H	O	X	D	F	B	S	K	K	I
G	I	M	J	C	L	G	N	N	G	B	K	H	S	N	F
Y	V	M	M	S	W	F	G	L	P	T	H	U	C	Z	Y

LEIRE
ARKITEKTUR
ARTIST
PENN
STAFFELI
VOKS
KERAMIKK
SAMMENSETNING
KREATIVITET
SKULPTUR
SJABLONG
FILM
FOTOGRAFI
KRITT
BLYANT
MESTERVERK
PERSPEKTIV
MALERI
PORTRETT
LAKK

37 - Moda

C	P	M	M	N	Z	E	L	E	G	A	N	T	B	G	P
R	D	E	G	I	L	E	M	I	R	L	U	I	L	M	Z
E	N	K	E	L	N	P	D	Y	R	T	Q	E	O	O	T
G	U	C	E	E	H	I	R	E	D	O	R	B	N	D	B
N	I	Q	G	M	P	T	M	A	O	Z	W	Q	D	E	B
I	H	O	I	K	L	Æ	R	A	K	J	D	N	E	R	T
L	I	T	S	T	V	S	H	T	L	T	L	W	R	N	K
Å	W	C	V	K	U	M	N	A	I	I	I	C	C	E	N
M	P	S	D	O	I	O	Z	A	A	Q	S	S	O	N	E
D	N	Z	C	R	I	B	B	B	R	F	I	T	K	S	D
K	O	M	F	O	R	T	A	B	E	L	C	R	I	O	E
X	E	C	F	K	U	O	J	U	P	F	P	Z	V	S	J
T	K	F	O	H	T	J	M	B	P	R	X	C	J	Q	K
E	R	U	T	S	K	E	T	P	A	H	B	I	U	M	S
T	W	E	S	O	U	W	T	W	N	S	J	U	F	P	E
O	R	I	G	I	N	A	L	C	K	A	L	K	I	K	B

RIMELIG
BRODERI
KNAPPER
BOUTIQUE
DYRT
KOMFORTABEL
ELEGANT
STIL
MÅLINGER
MINIMALISTISK
MODERNE
BESKJEDEN
ORIGINAL
PRAKTISK
BLONDER
KLÆR
ENKEL
STOFF
TREND
TEKSTUR

38 - Instrumentos Musicais

M	M	H	A	R	P	E	Q	O	N	M	K	L	J	Y	Y
Y	A	Q	D	F	W	P	D	J	V	B	L	M	I	I	O
N	I	R	U	B	M	A	T	N	G	R	A	U	Q	W	Z
H	I	N	I	L	O	D	N	A	M	O	R	N	X	C	L
K	P	X	W	M	J	A	M	B	X	P	I	N	P	E	D
M	G	L	Y	N	B	Q	B	F	G	V	N	S	X	L	I
D	X	Q	W	N	N	A	V	B	I	X	E	P	E	L	V
Y	V	O	A	S	N	I	L	O	I	F	T	I	N	O	D
X	J	J	Y	E	O	O	N	A	I	P	T	L	O	I	A
E	T	Y	Ø	L	F	B	J	C	I	F	F	L	B	H	I
D	E	R	V	E	O	O	G	S	T	R	O	M	M	E	T
X	P	A	X	S	S	V	L	G	U	N	G	N	O	G	C
Y	M	L	L	Q	K	I	K	D	G	K	I	I	R	M	M
U	O	Q	O	F	A	G	O	T	T	E	R	U	T	S	E
W	R	G	O	B	S	W	P	X	L	H	W	E	E	A	F
E	T	Y	U	U	R	H	Z	U	P	K	W	A	P	A	R

MANDOLIN
BANJO
KLARINETT
FAGOTT
FLØYTE
MUNNSPILL
GONG
HARPE
MARIMBA
OBO
TAMBURIN
PERKUSJON
PIANO
SAKSOFON
TROMME
TROMBONE
TROMPET
GITAR
FIOLIN
CELLO

39 - Adjetivos #2

G	I	K	O	Z	T	A	T	S	W	S	B	A	K	V	A
S	Q	R	R	Ø	T	N	A	S	S	E	R	E	T	N	I
T	N	A	G	E	L	E	A	V	Z	N	V	W	M	N	A
O	V	R	S	L	A	M	R	O	N	R	Z	J	Ø	A	U
L	I	Y	U	R	S	T	T	A	Y	Z	E	S	R	T	T
T	L	X	J	B	M	J	I	X	O	W	Q	N	E	U	E
O	L	K	D	L	B	U	I	V	O	A	T	S	B	R	N
B	E	S	K	R	I	V	E	N	D	E	D	T	L	L	T
Q	G	O	I	W	P	E	N	T	Q	S	U	E	H	I	I
P	R	O	D	U	K	T	I	V	V	V	G	R	N	G	S
F	E	C	C	G	P	C	N	K	M	A	I	K	K	F	K
B	E	G	A	V	E	T	O	K	X	G	R	X	K	N	W
I	J	F	H	F	U	Q	S	U	N	N	D	M	J	V	H
N	J	T	J	Q	C	C	D	I	P	T	O	V	T	V	J
N	J	B	A	N	S	V	A	R	L	I	G	P	F	I	A
G	H	G	L	U	Y	S	G	Q	M	I	B	B	Y	F	M

AUTENTISK
KREATIV
BESKRIVENDE
BEGAVET
ELEGANT
BERØMT
STERK
INTERESSANT
NATURLIG
NORMAL
NY
STOLT
PRODUKTIV
REN
VARMT
ANSVARLIG
SALT
SUNN
TØRR
VILL

40 - Roupas

U	L	J	C	N	J	F	L	S	A	M	A	J	Y	P	G
G	S	A	L	P	D	R	V	K	Y	G	O	A	R	Z	P
H	A	U	T	S	E	A	W	J	C	D	P	B	E	F	K
J	E	A	N	S	U	K	J	O	H	A	N	S	K	E	R
I	T	L	B	J	B	K	H	R	U	W	I	H	K	L	M
Q	O	P	K	U	X	L	P	T	D	Z	S	K	O	O	H
S	M	D	U	R	K	X	U	E	J	M	F	K	S	J	A
I	Y	F	L	I	O	S	Q	S	E	P	G	A	M	K	L
J	G	B	L	C	M	F	E	Z	E	V	E	A	U	Q	S
J	L	A	R	M	B	Å	N	D	Q	H	N	P	W	Y	K
J	A	K	K	E	Z	B	M	R	V	T	S	L	L	I	J
N	A	F	S	K	J	Ø	R	T	K	S	E	M	L	S	E
T	C	X	C	R	Z	F	M	Y	V	N	R	V	O	V	D
Y	X	N	S	A	N	D	A	L	E	R	N	N	A	P	E
H	A	T	T	E	F	W	F	I	F	B	E	L	T	E	V
G	O	M	H	W	P	N	T	K	F	H	O	B	V	P	X

FORKLE
BLUSE
BUKSE
SKJORTE
FRAKK
HATT
BELTE
HALSKJEDE
JAKKE
JEANS
HANSKER
SOKKER
MOTE
PYJAMAS
ARMBÅND
SKJØRT
SANDALER
SKO
GENSER
KJOLE

41 - Herbalismo

A	O	M	G	F	U	K	J	H	W	O	K	S	H	I	M
R	X	E	N	U	T	I	M	I	A	N	O	M	R	V	A
G	R	Ø	N	N	N	E	V	T	R	O	R	A	I	Y	R
B	M	T	Q	M	D	S	M	H	G	G	I	K	K	H	J
V	A	H	E	U	D	D	T	B	F	A	A	G	S	V	O
F	E	N	N	I	K	E	L	I	I	R	N	B	I	Q	R
B	A	S	I	L	I	K	U	M	G	T	D	J	T	M	A
B	S	A	F	R	A	N	P	M	R	S	E	G	A	H	M
L	L	N	A	N	F	I	E	S	H	E	R	X	M	T	H
A	Z	O	Z	E	R	R	R	R	W	U	T	W	O	E	O
V	E	X	M	E	G	A	S	O	L	G	Y	N	R	T	U
E	L	D	L	S	E	M	I	K	W	C	Y	T	A	I	N
N	T	F	R	A	T	S	L	P	M	S	F	H	I	L	Z
D	V	G	O	V	F	O	L	G	K	K	B	N	W	A	P
E	U	Y	Y	N	Y	R	E	O	K	Ø	L	T	I	V	H
L	X	E	I	N	G	R	E	D	I	E	N	S	E	K	L

SAFRAN
ROSMARIN
HVITLØK
AROMATISK
GUNSTIG
KORIANDER
ESTRAGON
BLOMST
FENNIKEL
INGREDIENS
HAGE
LAVENDEL
BASILIKUM
MARJORAM
PLANTE
KVALITET
SMAK
PERSILLE
TIMIAN
GRØNN

42 - Arqueologia

G	X	U	L	N	Z	R	E	N	U	I	G	I	G	I	E
I	C	P	K	D	H	A	X	E	Y	L	J	L	W	F	C
S	F	L	V	W	C	Q	A	J	T	E	A	M	E	L	E
K	T	R	E	P	S	K	E	U	N	L	H	R	F	M	C
U	L	E	T	T	E	R	K	O	M	M	E	R	Æ	H	T
V	K	K	X	Y	D	G	A	D	Y	U	V	H	L	T	E
G	U	S	D	N	O	J	S	A	S	I	L	I	V	I	S
R	D	R	C	I	W	E	C	N	I	E	B	P	M	E	O
A	D	O	D	R	M	I	R	A	C	D	F	R	Y	P	B
V	K	F	D	E	E	V	Z	L	J	H	O	O	S	Y	J
L	S	C	N	E	R	K	K	Y	H	O	U	F	T	T	E
Å	G	B	V	T	L	I	S	S	O	F	K	E	E	E	K
R	I	W	P	T	J	L	N	E	N	C	J	S	R	M	T
A	N	T	I	K	K	E	N	G	S	H	E	S	I	P	E
D	T	V	H	Z	D	R	O	L	M	B	N	O	U	E	R
P	O	J	O	F	F	U	X	A	H	Z	T	R	M	L	S

ANALYSE
ÅR
ANTIKKEN
VURDERING
SIVILISASJON
ETTERKOMMER
UKJENT
TEAM
ÆRA
EKSPERT
GLEMT
FOSSILT
FORSKER
MYSTERIUM
OBJEKTER
BEIN
PROFESSOR
RELIKVIE
TEMPEL
GRAV

43 - Esporte

R	K	Q	M	L	E	S	L	E	H	K	R	S	U	J	A
V	U	H	U	A	K	S	L	O	B	A	T	E	M	A	C
T	D	X	S	U	R	M	Å	L	F	J	S	G	P	F	J
O	Y	J	K	X	Y	G	B	I	Z	L	J	G	K	A	C
E	F	U	L	Q	T	W	O	H	P	D	Z	O	V	P	Q
T	R	S	E	T	S	G	A	R	H	X	I	J	B	Q	U
R	M	N	R	C	T	Q	P	L	P	B	E	I	N	U	Y
E	A	A	Æ	I	T	E	H	N	E	D	L	O	H	T	U
J	K	D	X	R	E	A	S	Y	K	L	I	N	G	C	I
H	S	O	W	C	I	Y	T	X	I	Q	S	F	M	C	J
L	I	F	N	Z	D	N	O	L	H	L	P	L	A	D	T
V	M	K	R	O	P	P	G	C	E	W	O	U	G	C	E
L	E	V	L	O	K	L	Q	Y	F	T	R	I	N	K	D
G	R	E	N	E	R	T	L	Z	L	C	T	W	B	A	N
D	E	C	E	F	F	J	W	Q	I	O	F	G	B	K	I
Z	D	O	K	Q	X	D	M	W	A	O	D	P	N	H	R

ATLET
HJERTE
SYKLING
KROPP
DANS
DIETT
SPORT
STYRKE
JOGGE
MAKSIMERE
METABOLSK
MUSKLER
ERNÆRING
MÅL
BEIN
PROGRAM
UTHOLDENHET
HELSE
TRENER

44 - Agronomia

P	Ø	B	B	S	O	R	M	R	R	S	P	Y	Q	Q	K
L	P	K	S	I	N	A	G	R	O	B	I	X	B	D	D
A	H	S	O	V	I	T	E	N	S	K	A	P	S	L	B
N	T	Y	P	L	J	O	R	D	R	V	T	E	K	Y	C
T	D	K	G	R	O	H	B	P	F	H	M	L	S	F	R
E	M	D	J	E	O	G	Z	I	N	O	J	S	O	R	E
R	V	O	Ø	K	V	D	I	G	R	E	N	E	W	Ø	M
Q	A	M	D	A	O	E	U	X	L	K	F	W	L	L	E
P	N	M	S	S	I	V	K	K	I	X	A	P	A	A	T
Y	N	E	E	N	C	N	P	S	S	M	A	L	N	N	S
N	S	R	L	N	B	N	S	R	T	J	G	Q	D	D	Y
Z	V	L	D	Ø	M	I	L	J	Ø	B	O	C	B	L	S
F	O	R	U	R	E	N	S	I	N	G	O	N	R	I	M
R	V	R	Y	G	X	G	P	S	G	S	I	R	U	G	N
B	Æ	R	E	K	R	A	F	T	I	G	V	W	K	B	I
N	D	V	C	M	H	V	S	R	V	W	H	G	P	T	I

LANDBRUK
MILJØ
VANN
VITENSKAP
VEKST
SYKDOMMER
ØKOLOGI
ENERGI
EROSJON
GJØDSEL
GRØNNSAKER
ORGANISK
PLANTER
FORURENSING
PRODUKSJON
LANDLIG
FRØ
SYSTEMER
JORD
BÆREKRAFTIG

45 - Frutas

A	T	U	F	E	C	O	L	B	S	Y	I	D	X	C	U
N	D	A	R	N	G	B	K	M	U	T	H	M	C	L	I
G	B	J	F	A	P	R	I	K	O	S	B	S	G	W	H
K	B	O	W	N	Y	Æ	W	H	G	D	B	N	X	F	X
W	T	A	O	A	N	B	I	K	N	R	A	Y	T	U	G
N	A	K	E	B	G	G	K	H	A	U	P	K	F	I	G
F	V	I	J	P	Z	S	D	G	M	O	Z	T	O	R	M
R	I	R	S	G	L	A	N	A	N	A	S	B	D	V	O
V	P	S	N	L	N	E	K	S	R	E	F	T	R	E	A
F	T	E	A	B	R	I	N	G	E	B	Æ	R	U	F	Q
P	U	B	R	L	P	S	B	S	R	W	Z	K	E	P	R
A	Z	Æ	O	Æ	G	I	S	L	W	G	W	A	D	B	L
P	A	R	O	P	P	T	C	T	Q	L	T	W	K	N	O
A	J	U	G	M	D	R	Æ	B	E	N	R	Ø	J	B	A
Y	M	H	K	K	E	O	K	O	K	O	S	N	Ø	T	T
A	J	U	U	W	T	N	I	R	A	T	K	E	N	J	F

AVOKADO
ANANAS
BJØRNEBÆR
BÆR
BANAN
KIRSEBÆR
KOKOSNØTT
APRIKOS
FIG
BRINGEBÆR
KIWI
ORANSJE
SITRON
EPLE
PAPAYA
MANGO
NEKTARIN
PÆRE
FERSKEN
DRUE

46 - Corpo Humano

X	A	O	V	Q	Q	D	U	W	O	N	T	K	U	I	R
D	N	N	R	X	K	R	J	R	B	R	S	X	E	B	E
Y	K	C	N	E	S	E	U	A	K	E	T	R	E	J	H
P	E	H	B	R	E	Q	V	K	G	G	I	J	E	S	I
A	L	H	I	Ø	C	C	J	Q	O	N	X	N	P	Z	O
N	L	A	I	M	F	W	B	Y	D	I	V	H	F	K	A
N	M	K	R	E	L	V	N	D	M	F	E	E	M	R	H
E	L	E	H	U	D	N	Å	H	Z	Q	N	I	N	G	A
K	P	Y	D	Z	M	E	K	G	S	C	K	T	D	K	L
H	J	E	R	N	E	C	N	Z	M	A	L	B	U	E	S
Ø	Y	E	P	E	L	K	E	O	U	W	K	J	E	V	E
R	G	G	X	W	D	I	P	O	N	B	Z	V	K	T	E
H	W	O	H	Z	M	L	N	W	N	Z	L	Z	A	V	I
O	U	N	G	W	S	U	U	K	L	G	L	O	X	G	L
D	Z	I	Q	B	L	T	A	K	W	P	T	D	D	H	G
E	P	B	O	K	D	G	C	U	S	C	J	Z	U	G	G

MUNN
HODE
HJERNE
HJERTE
ALBUE
FINGER
KNE
KJEVE
HÅND
NESE
ØYE
SKULDER
ØRE
HUD
BEIN
HALS
HAKE
BLOD
PANNE
ANKEL

47 - Caminhada

Q	T	Z	C	A	A	O	D	L	K	Y	Q	H	P	G	Q
Q	R	J	M	A	P	F	X	B	L	O	S	V	A	N	S
T	R	A	K	D	M	M	G	D	I	G	M	H	R	I	B
G	U	Q	G	I	V	P	O	J	M	F	T	N	K	R	Q
R	E	N	I	E	T	S	I	G	A	J	Q	H	E	E	F
E	X	N	G	O	M	W	G	N	U	E	P	G	R	T	C
L	J	A	G	H	M	S	B	L	G	L	D	P	Æ	N	C
V	F	V	Y	V	I	R	F	R	O	L	M	K	V	E	H
Ø	E	A	M	C	K	M	M	T	Z	N	B	E	G	I	Q
T	O	N	R	W	L	F	B	Q	V	I	H	Q	D	R	V
S	O	P	I	E	S	L	E	D	E	R	E	B	R	O	F
P	C	D	S	O	R	L	P	C	T	V	T	R	Ø	T	T
E	D	Y	V	V	F	I	K	L	I	P	P	E	P	Z	M
Z	N	R	H	J	R	V	W	Q	K	G	X	N	O	G	D
I	F	U	J	A	R	N	A	T	U	R	B	B	S	R	C
Y	R	T	H	B	S	J	S	F	F	J	C	S	O	P	G

CAMPING
DYR
VANN
STØVLER
TRØTT
KLIMA
KART
FJELL
MYGG
NATUR
ORIENTERING
PARKER
STEINER
KLIPPE
FARER
TUNG
FORBEREDELSE
VILL
SOL
VÆR

48 - Biologia

B	R	W	U	G	U	A	A	W	Y	F	A	Q	Z	K	M
O	A	E	Y	A	C	U	N	I	E	T	O	R	P	O	U
R	I	K	P	S	W	D	A	C	G	N	K	B	O	L	T
M	P	I	T	T	K	X	T	F	E	L	L	E	C	L	A
V	T	K	Y	E	I	W	O	O	S	J	O	M	I	A	S
F	R	I	E	U	R	L	M	T	O	J	V	B	P	G	J
H	O	R	M	O	N	I	I	O	I	K	N	R	A	E	O
S	Y	N	A	P	S	E	E	S	B	G	X	Y	T	N	N
N	A	T	U	R	L	I	G	Y	M	G	M	O	T	R	Q
M	O	S	O	M	O	R	K	N	Y	O	P	A	E	B	N
N	C	D	M	S	Q	J	A	T	S	D	U	W	D	R	E
U	L	G	G	N	M	N	K	E	I	E	L	M	Y	H	V
L	X	Z	C	E	Y	O	B	S	L	U	E	N	R	H	R
W	I	N	Q	R	Z	T	S	E	I	M	G	O	C	R	O
K	Z	L	M	V	N	W	Q	E	T	J	S	I	N	N	N
Q	L	F	P	E	E	E	V	O	L	U	S	J	O	N	L

ANATOMI
BAKTERIE
CELLE
KOLLAGEN
KROMOSOM
EMBRYO
ENZYM
EVOLUSJON
FOTOSYNTESE
HORMON

PATTEDYR
MUTASJON
NATURLIG
NERVE
NEVRON
OSMOSE
PROTEIN
REPTIL
SYMBIOSE
SYNAPSE

49 - Beleza

L	M	E	K	O	S	M	E	T	I	K	K	L	Z	L	C
T	S	I	L	Y	T	S	A	F	P	H	Z	Z	Z	E	K
N	S	M	R	E	T	K	U	D	O	R	P	C	K	P	R
M	W	J	C	E	G	Z	V	D	Z	T	E	C	R	P	Ø
D	E	D	Z	A	F	A	R	A	C	S	A	M	N	E	L
Z	B	N	P	H	L	W	N	E	E	S	P	H	T	S	L
N	Y	Å	F	I	A	Z	H	S	K	A	S	B	J	T	E
S	A	D	G	A	N	H	U	R	E	P	X	N	E	I	R
J	K	E	K	G	R	O	D	S	J	A	R	M	N	F	R
A	G	S	B	N	E	G	O	T	O	F	Q	T	E	T	F
M	L	P	F	E	J	U	E	N	F	Z	W	F	S	F	Y
P	G	M	H	C	L	Y	Z	A	F	U	C	X	T	D	N
O	G	T	S	Z	O	J	H	G	T	Z	D	Z	E	B	Z
A	R	P	N	G	E	F	S	E	H	O	P	D	R	L	J
Z	R	L	H	Z	R	W	F	L	S	M	I	N	K	E	E
E	E	K	M	Z	R	Q	B	E	S	P	E	I	L	L	I

LEPPESTIFT
KRØLLER
SJARM
FARGE
KOSMETIKK
ELEGANT
ELEGANSE
SPEIL
STYLIST
FOTOGEN
DUFT
NÅDE
SMINKE
OLJER
HUD
PRODUKTER
MASCARA
TJENESTER
SAKS
SJAMPO

50 - Filantropia

M	I	S	J	O	N	R	A	B	K	S	R	O	Z	J	K
O	D	N	H	Q	T	I	E	U	Z	O	E	O	C	L	O
D	D	A	K	B	R	E	M	M	A	R	G	O	R	P	N
G	W	N	K	H	V	G	H	N	Q	N	N	I	E	L	T
N	M	I	W	T	W	E	Z	G	M	T	I	G	A	W	A
U	Å	F	A	W	G	Z	Z	O	I	J	R	C	F	X	K
K	L	O	F	L	G	A	V	M	I	L	D	H	E	T	T
M	E	N	N	E	S	K	E	H	E	T	R	N	G	E	E
H	I	S	T	O	R	I	E	S	E	M	O	Æ	N	N	R
S	R	O	F	F	E	N	T	L	I	G	F	G	E	N	E
V	E	L	D	E	D	I	G	H	E	T	T	M	R	U	L
F	P	X	A	I	N	B	H	E	L	W	U	H	T	F	D
J	P	Z	S	B	I	K	B	W	K	K	E	R	B	M	I
K	U	I	S	M	O	W	L	S	J	X	N	Q	J	A	M
Y	R	T	Q	L	P	L	X	O	P	U	P	R	L	S	N
D	G	P	X	E	C	H	G	V	Y	X	Y	W	Y	N	D

VELDEDIGHET
SAMFUNNET
KONTAKTER
BARN
UTFORDRINGER
FINANS
MIDLER
GAVMILDHET
GLOBAL
GRUPPER
HISTORIE
ÆRLIGHET
MENNESKEHET
UNGDOM
MISJON
TRENGE
MÅL
FOLK
PROGRAMMER
OFFENTLIG

51 - Ecologia

B	C	C	D	K	P	S	N	B	H	Q	P	P	N	Q	K
S	Æ	V	U	L	U	U	N	A	N	U	A	F	R	U	E
N	R	R	U	T	A	N	U	R	T	R	A	K	U	O	Q
T	F	Y	E	F	K	O	F	O	A	U	K	L	I	M	A
Ø	C	M	M	K	N	J	M	L	T	F	R	D	E	H	P
R	O	B	D	E	R	S	A	F	I	L	E	L	Q	K	L
K	J	V	X	R	H	A	S	X	B	J	S	O	I	C	A
E	N	Y	E	N	Y	T	F	H	A	K	R	F	V	G	N
L	C	J	Z	R	F	E	M	T	H	U	U	G	M	T	T
F	B	Z	W	C	L	G	Z	C	I	S	S	N	J	X	E
G	L	O	B	A	L	E	I	S	D	G	S	A	L	M	R
J	K	P	E	C	Q	V	V	R	X	S	E	M	K	Q	G
O	C	K	S	P	D	J	Y	E	N	I	R	A	M	Y	Z
Y	A	R	F	Y	A	S	X	F	L	T	L	D	I	D	Z
F	R	I	V	I	L	L	I	G	E	S	F	J	E	L	L
D	K	C	I	J	G	Z	G	S	D	M	E	U	P	Y	K

KLIMA
SAMFUNN
MANGFOLD
ART
FAUNA
FLORA
GLOBAL
HABITAT
MARINE
FJELL
NATURLIG
NATUR
MYR
PLANTER
RESSURSER
TØRKE
OVERLEVELSE
BÆREKRAFTIG
VEGETASJON
FRIVILLIGE

52 - Família

C	R	E	T	S	Ø	S	J	S	K	Q	V	K	U	T	E
A	T	O	P	T	F	A	D	E	R	L	I	G	B	E	E
E	R	A	S	A	B	R	O	R	O	D	L	E	Z	N	E
L	V	H	I	M	T	B	O	R	M	V	P	F	G	O	K
F	U	D	P	F	A	B	A	S	F	R	H	H	V	N	T
G	Z	W	Q	A	D	E	K	R	E	T	T	E	F	K	E
H	U	I	N	R	I	H	D	O	N	R	A	B	N	E	M
B	E	S	T	E	M	O	R	M	N	D	X	C	E	L	A
Z	S	T	I	M	L	D	W	K	J	E	O	L	V	B	N
R	E	X	N	R	A	B	E	N	R	A	B	M	Ø	E	N
B	I	S	Y	A	A	U	R	X	R	U	D	I	E	S	E
E	N	O	F	F	T	R	K	H	C	W	R	U	O	T	H
I	Y	Z	V	N	V	N	R	F	S	X	X	I	L	E	B
F	T	I	U	Y	Z	T	D	A	T	T	E	R	R	F	Y
G	L	U	V	V	X	E	J	T	S	F	L	Z	C	A	G
P	J	U	F	B	J	O	M	R	J	B	X	P	A	R	X

STAMFAR
BESTEMOR
BESTEFAR
BARN
KONE
DATTER
BARNDOM
SØSTER
BROR
EKTEMANN
MORS
MOR
BARNEBARN
FAR
FADERLIG
FETTER
NIESE
NEVØ
TANTE
ONKEL

53 - Férias #2

F	W	F	G	M	Y	Z	T	G	G	R	Ø	Y	N	H	U
B	L	L	E	J	F	R	E	U	P	E	S	I	E	R	T
H	U	Y	L	E	L	J	L	R	V	S	F	X	X	E	L
F	O	Y	P	S	M	N	T	Y	T	E	T	A	S	D	E
E	D	T	U	L	J	O	D	K	L	R	M	T	Q	L	N
N	I	R	E	J	A	J	M	B	U	V	Z	U	H	I	D
P	V	O	F	L	J	S	U	X	B	A	H	A	V	B	I
Y	N	P	K	B	L	A	S	J	H	S	C	L	F	P	N
C	Z	S	A	R	X	N	I	E	A	J	S	E	F	F	G
P	Z	N	R	K	K	I	V	J	N	O	C	Q	Q	Y	Y
H	Z	A	T	D	U	T	P	Q	D	N	A	R	T	S	Z
F	G	R	Q	C	I	S	A	E	J	E	Y	S	U	M	K
U	E	T	Z	I	S	E	A	H	W	R	F	J	F	G	Z
F	R	R	Y	I	G	D	I	T	I	R	F	U	V	I	A
K	I	N	I	P	A	S	S	N	R	M	O	M	E	E	D
F	Y	T	X	E	R	E	S	T	A	U	R	A	N	T	N

FLYPLASSEN
DESTINASJON
UTLENDING
FERIE
BILDER
HOTELL
ØY
FRITID
KART
HAV
FJELL
PASS
STRAND
RESERVASJONER
RESTAURANT
TAXI
TELT
TRANSPORT
REISE
VISUM

54 - Edifícios

P	F	B	B	V	U	E	U	G	G	Y	R	X	Z	Y	T
E	R	Z	Z	K	A	M	I	Å	M	A	P	F	A	U	S
N	E	W	C	G	M	O	N	R	Å	T	R	E	Q	Q	L
S	T	A	D	I	O	N	E	D	A	S	S	A	B	M	A
L	L	A	C	E	W	I	S	K	O	L	E	P	S	V	U
E	E	T	M	X	K	K	I	R	B	A	F	M	Q	J	H
I	T	E	M	U	I	R	O	T	A	R	O	B	A	L	E
L	T	A	P	J	P	H	A	G	L	L	E	P	N	S	K
I	O	T	V	W	B	N	O	M	F	R	L	M	D	Y	D
G	L	E	X	N	F	M	Z	T	R	J	K	U	Z	K	W
H	S	R	S	A	O	O	X	K	E	E	A	E	R	E	B
E	Q	U	B	W	S	H	F	Q	M	L	P	S	M	H	Z
T	E	T	I	S	R	E	V	I	N	U	L	U	S	U	M
O	B	S	E	R	V	A	T	O	R	I	U	M	S	S	L
N	J	Z	I	U	H	N	F	F	L	Å	V	E	B	C	U
N	P	R	T	F	N	V	J	J	J	Y	Z	Y	T	O	T

LEILIGHET
SLOTT
LÅVE
KINO
AMBASSADE
SKOLE
STADION
GÅRD
FABRIKK
GARASJE
SYKEHUS
HOTELL
LABORATORIUM
MUSEUM
OBSERVATORIUM
SUPERMARKED
TEATER
TELT
TÅRN
UNIVERSITET

55 - Aventura

S	I	K	K	E	R	H	E	T	A	U	C	I	P	I	S
O	V	E	R	R	A	S	K	E	N	D	E	G	Z	P	K
Z	W	P	B	I	S	E	O	Q	C	J	A	I	C	U	J
E	M	S	A	I	S	U	T	N	E	D	E	L	X	Q	Ø
H	U	Z	N	O	J	S	A	G	I	V	A	N	D	M	N
J	L	C	X	M	N	B	K	I	A	K	O	A	H	U	N
J	I	N	E	M	Y	G	T	A	A	M	M	V	D	Q	H
E	G	P	Y	J	C	E	I	U	T	F	L	U	K	T	E
K	H	C	H	B	W	Y	V	L	B	V	K	U	Y	V	T
E	E	T	U	R	E	S	I	E	R	E	N	N	E	V	S
D	T	S	Q	V	R	U	T	A	N	A	K	S	D	W	P
E	S	L	E	D	E	R	E	B	R	O	F	Z	T	Q	R
L	L	E	U	Z	K	S	T	S	J	A	N	S	E	D	T
G	U	T	F	O	R	D	R	I	N	G	E	R	H	T	U
V	A	N	S	K	E	L	I	G	H	E	T	F	K	H	Z
T	A	D	E	S	T	I	N	A	S	J	O	N	E	K	V

GLEDE
VENNER
AKTIVITET
SKJØNNHET
SJANSE
UTFORDRINGER
DESTINASJON
VANSKELIGHET
ENTUSIASME
UTFLUKT
UVANLIG
REISERUTE
NATUR
NAVIGASJON
NY
MULIGHET
FARLIG
FORBEREDELSE
SIKKERHET
OVERRASKENDE

56 - Floresta Tropical

T	P	H	B	G	N	I	R	A	V	E	B	X	I	R	Q
R	I	Y	O	F	O	N	W	V	M	L	A	N	C	X	X
A	D	L	O	F	G	N	A	M	O	F	M	T	S	A	U
U	F	E	F	Y	U	T	E	U	H	N	I	S	G	J	U
J	F	G	G	L	R	F	K	J	Y	M	L	B	N	W	V
B	R	N	W	H	U	R	E	S	P	E	K	T	I	A	M
L	W	U	E	U	H	K	X	V	D	B	I	F	R	E	T
L	O	J	H	Q	E	W	T	G	G	O	N	Q	E	S	R
U	S	A	M	F	U	N	N	E	T	T	S	S	R	O	U
F	R	E	Y	K	S	B	D	H	I	A	E	A	U	M	T
I	E	F	J	V	H	J	G	V	P	N	K	I	A	O	A
D	L	O	O	V	N	N	A	C	Q	I	T	R	T	Q	N
R	G	Y	H	L	N	P	W	K	W	S	E	U	S	C	S
E	U	G	Y	H	K	Y	Q	V	Z	K	R	M	E	R	N
V	F	O	V	E	R	L	E	V	E	L	S	E	R	I	G
J	S	U	P	A	T	T	E	D	Y	R	I	A	L	K	N

AMFIBIER
BOTANISK
KLIMA
SAMFUNNET
MANGFOLD
ART
URFOLK
INSEKTER
PATTEDYR
MOSE
NATUR
SKYER
FUGLER
BEVARING
TILFLUKT
RESPEKT
RESTAURERING
JUNGEL
OVERLEVELSE
VERDIFULL

57 - Cidade

Y	X	S	N	D	M	R	G	L	U	D	M	N	F	S	P
K	S	T	N	A	R	U	A	T	S	E	R	U	S	F	Y
T	P	A	N	A	U	B	E	L	O	K	S	O	B	M	E
H	O	D	K	B	C	X	K	S	D	R	M	E	B	A	O
Q	F	I	T	K	R	X	T	D	U	A	K	P	O	R	Y
L	T	O	B	H	A	H	Q	F	Q	M	U	U	K	K	G
C	G	N	O	L	A	S	S	M	X	R	M	R	H	E	W
K	R	E	P	L	Q	W	B	A	K	E	R	I	A	D	D
D	C	S	M	E	K	K	I	N	O	P	E	F	N	Q	F
Y	E	S	F	T	L	E	X	B	T	U	T	Z	D	A	J
R	X	A	S	O	I	B	T	B	O	S	A	N	E	W	I
E	V	L	Y	H	N	D	A	O	I	R	E	L	L	A	G
H	I	P	W	J	I	K	T	N	P	M	T	G	M	E	B
A	Z	Y	U	E	K	C	U	C	K	A	D	V	H	F	R
G	P	L	X	D	K	E	T	O	I	L	B	I	B	D	R
E	N	F	U	N	I	V	E	R	S	I	T	E	T	U	W

FLYPLASSEN
BANK
BIBLIOTEK
KINO
KLINIKK
SKOLE
STADION
APOTEK
GALLERI
HOTELL

DYREHAGE
BOKHANDEL
MARKED
MUSEUM
BAKERI
RESTAURANT
SALONG
SUPERMARKED
TEATER
UNIVERSITET

58 - Música

U	S	I	M	I	K	R	O	F	O	N	T	S	L	L	M
P	H	N	N	T	R	T	O	C	U	P	B	T	O	Y	U
B	R	O	K	N	Q	A	F	W	P	Q	M	I	G	R	K
A	G	M	S	E	S	A	P	I	B	J	N	M	O	I	B
R	F	R	L	M	L	P	E	D	A	L	L	A	B	S	P
S	G	A	A	U	R	B	I	O	A	L	B	U	M	K	O
I	W	H	K	R	S	Y	M	L	A	K	O	V	L	H	E
K	U	D	I	T	I	V	T	E	L	S	U	B	N	I	T
K	L	A	S	S	I	S	K	M	R	I	Z	R	R	O	I
B	X	K	U	N	S	M	Y	A	E	K	N	C	C	G	S
K	S	B	M	I	O	M	S	I	K	G	D	G	P	S	K
M	J	D	I	M	P	R	O	V	I	S	E	R	E	Y	T
S	A	N	G	E	R	L	J	D	S	A	P	P	B	N	E
E	T	O	W	E	Z	A	W	Y	U	R	A	D	C	G	M
U	I	A	K	W	K	S	Y	A	M	X	G	G	I	E	P
O	P	E	R	A	D	Z	D	M	A	U	Z	F	V	Z	O

ALBUM
BALLADE
SYNGE
SANGER
KLASSISK
KOR
INNSPILLING
HARMONI
IMPROVISERE
INSTRUMENT
LYRISK
MELODI
MIKROFON
MUSIKALSK
MUSIKER
OPERA
POETISK
RYTME
TEMPO
VOKAL

59 - Matemática

S	Y	M	M	E	T	R	I	D	I	A	M	E	T	E	R
A	X	A	K	O	M	A	P	X	F	M	G	W	R	K	U
R	I	I	N	H	I	R	E	T	H	E	T	K	V	P	V
G	A	Q	X	J	K	W	X	H	W	R	I	B	X	A	V
L	E	R	Æ	F	S	U	I	D	A	R	E	R	Y	R	I
U	N	O	J	S	I	V	I	D	P	Z	K	Ø	S	A	N
S	Y	P	M	T	I	O	L	F	O	A	S	K	U	L	K
Q	H	Y	U	E	Z	C	K	X	L	M	P	D	M	L	L
T	O	G	L	R	T	M	S	K	Y	L	O	E	W	E	E
O	J	D	O	K	N	R	L	V	G	Z	N	L	N	L	R
R	C	Y	V	M	A	N	I	P	O	D	E	L	M	L	O
G	K	H	N	O	K	C	X	X	N	F	N	I	Z	C	X
E	D	Y	E	E	E	L	E	G	N	A	T	K	E	R	D
T	E	X	Z	Y	R	L	I	G	N	I	N	G	S	L	K
H	L	K	K	I	T	E	M	T	I	R	A	L	L	B	R
L	O	R	L	S	B	Z	D	E	S	I	M	A	L	X	M

ARITMETIKK
VINKLER
OMKRETS
DESIMAL
DIAMETER
DIVISJON
LIGNING
SFÆRE
EKSPONENT
BRØKDEL

GEOMETRI
PARALLELL
POLYGON
TORGET
RADIUS
REKTANGEL
SYMMETRI
SUM
TREKANT
VOLUM

60 - Saúde e Bem Estar #1

A	G	Y	K	Y	T	G	U	O	S	J	L	X	A	C	J
V	W	R	L	N	E	R	V	E	R	U	V	R	K	F	T
I	U	N	I	S	I	D	E	M	Y	S	L	X	T	Q	G
R	X	G	N	I	N	P	A	L	S	V	A	T	I	P	Q
U	G	N	I	N	D	L	O	H	B	K	P	I	V	M	T
S	P	I	K	Y	F	F	L	D	S	A	E	N	A	V	H
J	X	E	K	H	Ø	Y	D	E	B	S	O	L	X	W	U
M	Q	B	T	R	N	N	P	H	D	Z	R	V	F	K	D
A	P	O	T	E	K	X	K	R	D	F	I	R	I	E	Y
S	Y	G	N	I	L	D	N	A	H	E	B	T	S	O	R
K	L	E	P	R	E	N	O	M	R	O	H	B	A	T	N
S	J	C	O	E	L	E	G	E	B	R	U	D	D	E	Z
U	W	P	K	T	L	E	P	H	I	O	R	V	Z	R	F
R	Y	R	M	K	M	N	J	L	M	Y	M	L	U	A	I
B	P	M	E	A	J	B	N	H	Y	J	Z	F	U	P	T
F	P	E	A	B	G	T	F	S	I	H	W	N	I	I	I

HØYDE
AKTIV
BAKTERIE
KLINIKK
LEGE
APOTEK
SULT
BRUDD
VANE
HORMONER
MEDISIN
NERVER
BEIN
HUD
HOLDNING
REFLEKS
AVSLAPNING
TERAPI
BEHANDLING
VIRUS

61 - Natureza

T	F	O	F	U	D	E	E	X	G	S	A	E	W	T	K
P	R	S	O	L	Y	A	I	T	V	M	P	R	S	G	B
B	E	F	T	Y	R	U	J	T	N	K	W	O	K	K	X
R	D	J	D	M	T	S	V	I	D	U	K	S	C	R	D
O	E	R	B	S	I	T	E	H	N	N	Ø	J	K	S	E
L	L	Y	D	H	G	N	L	J	I	H	E	O	S	K	S
I	I	T	K	V	I	L	L	L	Y	E	B	N	I	U	Z
G	G	R	S	S	T	Å	K	E	F	L	A	E	M	K	L
M	D	O	I	J	K	E	F	J	K	L	U	K	A	S	Ø
I	R	P	T	Q	I	X	F	N	L	I	E	R	N	K	V
F	S	I	K	X	V	B	N	M	X	G	O	Ø	Y	O	V
U	W	S	R	B	M	X	R	E	X	D	U	W	D	G	E
W	E	K	A	Z	U	W	X	B	P	O	X	L	O	B	R
P	L	I	Z	M	V	H	I	N	O	M	N	O	W	I	K
F	V	T	H	L	I	U	Y	O	C	Z	V	L	G	E	O
H	F	L	E	N	R	L	E	N	F	A	G	I	R	R	M

BIER
LY
DYR
ARKTISK
SKJØNNHET
ØRKEN
DYNAMISK
EROSJON
SKOG
LØVVERK
ISBRE
TÅKE
SKYER
FREDELIG
ELV
HELLIGDOM
VILL
ROLIG
TROPISK
VIKTIG

62 - A Empresa

G	G	C	Z	R	Z	C	W	A	S	T	B	E	S	A	A
L	O	R	E	R	I	S	V	F	R	Z	Z	P	Y	G	M
O	A	E	B	E	G	N	I	R	E	T	S	E	V	N	I
B	Z	S	G	T	H	S	T	A	D	E	P	A	I	I	E
A	V	S	U	K	V	G	A	M	N	H	R	B	T	T	C
L	Z	U	I	E	O	W	E	G	E	M	E	E	A	T	Z
W	L	R	L	T	X	Y	R	A	R	O	S	S	V	E	K
K	U	S	A	N	N	K	K	N	T	S	E	L	O	S	O
F	T	E	R	N	B	G	M	G	M	K	N	U	N	L	F
D	W	R	R	I	S	I	K	O	T	R	T	T	N	E	R
I	N	D	U	S	T	R	I	A	Y	I	A	N	I	S	Q
M	U	L	I	G	H	E	T	R	L	V	S	I	H	S	C
P	R	O	D	U	K	T	W	Y	Q	Z	J	N	A	Y	P
K	V	A	L	I	T	E	T	K	V	L	O	G	I	S	Y
X	N	O	S	L	V	R	E	T	E	H	N	E	H	I	T
Z	L	L	E	N	O	J	S	E	F	O	R	P	S	D	Q

PRESENTASJON
KREATIV
BESLUTNING
SYSSELSETTING
GLOBAL
INDUSTRI
INNOVATIV
INVESTERING
VIRKSOMHET
MULIGHET
PRODUKT
PROFESJONELL
FRAMGANG
KVALITET
INNTEKTER
RESSURSER
RYKTE
RISIKO
TRENDER
ENHETER

63 - Doença

K	S	I	T	E	N	E	G	B	I	I	L	G	J	X	K
H	R	S	P	C	V	S	S	E	Z	M	U	B	Q	U	F
J	E	O	F	N	V	L	M	I	B	M	F	M	B	Q	L
E	N	V	N	R	W	E	I	N	T	U	T	T	U	K	A
R	E	L	A	I	E	H	T	T	A	N	V	W	J	A	E
T	G	I	D	T	S	Y	T	E	R	I	E	K	C	V	I
E	O	F	R	A	L	K	S	R	V	T	I	R	E	S	T
I	T	I	W	P	E	Y	O	A	E	E	E	O	L	V	R
Z	A	O	G	O	N	L	M	P	L	T	N	P	U	K	M
L	P	Q	I	R	N	C	U	I	I	D	E	P	C	N	Z
Z	Z	P	C	V	E	G	U	M	G	L	U	N	G	E	D
P	X	N	R	E	T	L	J	O	B	H	V	D	X	J	D
C	S	V	X	N	E	C	L	Z	D	A	S	M	N	S	U
X	C	D	C	V	B	J	O	A	R	Q	R	B	T	A	N
M	M	S	I	O	F	N	O	S	Y	N	D	R	O	M	U
T	N	J	A	T	P	X	E	C	W	P	L	S	D	V	E

AKUTT
ALLERGI
SMITTSOM
HJERTE
KROPP
KRONISK
SVAK
GENETISK
ARVELIG
IMMUNITET
BETENNELSE
LUMBAR
NEVROPATI
BEIN
PATOGENER
LUNGE
LUFTVEIENE
HELSE
SYNDROM
TERAPI

64 - Aquecimento Global

B	P	R	E	S	N	E	V	K	E	S	N	O	K	T	M
E	X	R	E	N	O	J	S	A	R	E	N	E	G	E	L
L	G	P	Å	G	Ø	E	F	L	M	F	R	G	D	M	H
F	L	A	N	O	J	S	A	N	R	E	T	N	I	P	I
K	R	I	S	E	L	E	L	R	D	L	M	I	T	E	C
Y	Z	T	H	E	I	P	R	F	E	V	A	N	M	R	X
D	A	T	A	Q	M	C	D	I	G	N	P	V	E	A	O
U	T	V	I	K	L	I	N	G	N	Y	S	I	R	T	C
L	E	R	K	W	K	G	N	U	R	G	V	G	F	U	G
I	K	K	A	L	S	G	A	W	D	I	V	V	A	R	F
N	H	C	B	S	I	C	K	S	U	M	I	O	J	E	J
O	A	V	U	B	T	M	D	Y	S	S	V	L	K	R	U
X	Y	Y	E	I	K	G	A	Y	V	D	Y	W	Q	V	Z
O	P	P	M	E	R	K	S	O	M	H	E	T	U	G	I
H	A	B	I	T	A	T	E	R	E	K	S	R	O	F	B
B	E	N	E	R	G	I	R	T	S	U	D	N	I	Q	M

NÅ
MILJØ
OPPMERKSOMHET
ARKTISK
FORSKER
KLIMA
KONSEKVENSER
KRISE
DATA
UTVIKLING

ENERGI
FREMTID
GASS
GENERASJONER
REGJERING
HABITATER
INDUSTRI
INTERNASJONAL
LOVGIVNING
TEMPERATURER

65 - Aviões

P	A	Y	S	Z	H	K	N	S	G	K	U	O	Q	Y	E
A	V	S	N	K	I	O	C	A	H	P	H	Q	Q	F	V
S	S	P	E	S	M	N	E	E	V	H	V	O	E	M	E
S	T	L	L	Y	M	S	A	J	D	I	M	L	W	X	N
A	A	E	U	I	E	T	J	I	O	N	G	Q	W	W	T
S	M	S	B	F	L	R	Æ	V	H	E	B	E	F	N	Y
J	N	N	R	E	T	U	F	V	V	G	B	Y	R	A	R
E	I	E	U	R	N	K	L	R	G	O	O	Q	H	E	O
R	N	R	T	X	Y	S	K	A	U	R	F	D	R	I	T
P	G	B	P	K	U	J	G	N	I	D	N	A	L	R	O
X	I	H	S	E	U	O	N	H	Ø	Y	D	E	J	O	M
S	N	L	A	O	B	N	I	Q	I	H	B	M	E	T	F
C	O	G	O	R	M	A	N	N	S	K	A	P	Q	S	N
T	V	G	L	T	Q	U	T	B	I	Y	T	X	Z	I	D
B	A	L	L	O	N	G	E	Q	I	X	L	Y	P	H	Y
U	C	W	Z	N	H	E	R	Æ	F	S	O	M	T	A	G

HØYDE
LUFT
LANDING
ATMOSFÆRE
EVENTYR
BALLONG
HIMMEL
BRENSEL
KONSTRUKSJON
AVSTAMNING

RETNING
HYDROGEN
HISTORIE
MOTOR
NAVIGERE
PASSASJER
PILOT
VÆR
MANNSKAP
TURBULENS

66 - Tipos de Cabelo

A	G	S	K	I	N	N	E	N	D	E	Q	C	F	S	E
C	D	K	K	G	N	T	I	V	H	H	M	M	L	W	M
H	K	N	Y	T	Y	Ø	F	V	Z	K	B	L	E	O	I
V	Y	U	D	C	T	R	E	L	L	Ø	R	K	T	N	R
D	V	G	A	S	S	R	E	T	T	E	L	F	T	T	W
B	L	O	N	D	I	U	O	P	M	L	R	O	E	L	J
S	Ø	T	U	A	Q	T	N	D	W	R	E	Z	T	E	X
S	S	Y	R	D	L	G	X	N	K	R	Ø	L	L	E	T
C	L	K	B	S	K	A	L	L	E	T	Z	A	Z	S	J
R	D	K	M	M	Y	K	Q	Z	T	Q	Q	L	G	E	Z
T	P	L	Z	B	A	C	X	E	E	S	Y	L	S	R	U
Y	T	L	O	G	U	K	W	T	G	N	Y	L	A	F	N
M	J	B	L	R	K	M	M	W	L	X	J	K	Å	P	E
L	Q	O	G	E	A	J	W	O	Ø	Y	S	V	A	R	T
V	A	P	D	F	Q	N	C	M	B	Q	M	A	W	X	G
A	B	S	J	F	A	R	G	E	T	B	J	L	O	U	U

HVIT
SKINNENDE
KRØLLER
SKALLET
GRÅ
FARGET
KRØLLET
TYNN
TYKK
BLOND
LANG
BRUN
BØLGETE
SØLV
SVART
SUNN
TØRR
MYK
FLETTET
FLETTER

67 - Formas

P	G	O	I	F	M	T	E	G	R	O	T	X	E	K	O
T	Y	V	O	X	Z	V	L	E	G	N	A	T	K	E	R
R	E	R	L	W	X	D	L	E	K	R	I	S	C	D	J
E	V	Y	A	I	Y	C	I	M	G	T	M	W	W	I	L
K	Z	R	E	M	L	I	P	S	S	F	Æ	R	E	S	V
A	J	T	Q	V	I	L	S	I	Y	V	A	V	B	C	J
N	X	H	F	D	L	D	E	R	L	L	H	N	U	E	X
T	W	H	J	K	D	I	E	P	I	A	I	J	K	O	E
K	W	H	J	W	F	D	V	Y	N	V	I	N	G	N	F
S	L	T	B	Ø	W	F	R	E	J	O	J	O	D	N	H
A	R	T	A	O	R	I	U	G	E	U	B	G	O	E	F
U	G	X	W	W	E	N	K	U	L	Y	M	Y	Z	J	R
N	E	I	U	B	C	Q	E	I	G	K	Z	L	Z	W	N
H	Y	P	E	R	B	O	L	A	E	O	K	O	D	N	Z
Q	N	G	G	Y	F	V	L	B	J	I	R	P	E	U	X
Q	S	T	J	P	P	P	H	C	K	M	B	B	Y	R	D

BUE
HJØRNE
SYLINDER
SIRKEL
KJEGLE
KUBE
KURVE
ELLIPSE
SFÆRE
HYPERBOLA
SIDE
LINJE
OVAL
PYRAMIDE
POLYGON
PRISME
TORGET
REKTANGEL
TREKANT

68 - Criatividade

F	E	R	D	I	G	H	E	T	A	V	D	C	V	E	N
A	U	T	E	N	T	I	S	I	T	E	T	Y	L	F	Y
H	G	T	I	A	E	S	L	E	L	Ø	F	T	Z	Z	Y
X	S	M	I	T	H	V	I	T	A	L	I	T	E	T	D
I	O	O	S	N	R	E	S	L	E	L	Ø	F	F	J	K
S	N	S	Z	O	A	I	V	L	C	W	F	C	K	A	U
A	O	N	K	P	L	F	N	I	Z	B	K	W	U	F	N
T	J	N	T	S	K	I	F	T	S	Z	I	Z	H	I	S
N	S	I	I	R	K	Q	D	L	U	J	X	H	D	L	T
A	A	F	H	S	Y	U	P	D	W	I	O	N	C	C	N
F	R	P	P	K	R	K	K	D	W	M	S	N	U	Z	E
J	I	P	S	G	T	I	K	F	H	Y	H	J	E	H	R
I	P	O	I	T	T	B	I	L	D	E	L	V	O	R	I
S	S	S	Z	R	U	I	P	B	E	F	J	P	O	N	S
J	N	D	R	A	M	A	T	I	S	K	Q	G	L	I	K
F	I	I	N	T	E	N	S	I	T	E	T	U	B	T	Z

KUNSTNERISK
AUTENTISITET
KLARHET
DRAMATISK
FØLELSER
SPONTAN
UTTRYKK
FLYT
FERDIGHET
BILDE
FANTASI
INNTRYKK
INSPIRASJON
INTENSITET
INTUISJON
OPPFINNSOM
FØLELSE
VISJONER
VITALITET

69 - Dias e Meses

L	U	I	H	L	Q	G	U	O	N	R	U	A	R	J	Q
Ø	M	K	R	T	F	E	B	R	U	A	R	C	D	J	E
R	Å	J	E	S	Ø	N	D	A	G	A	D	S	R	O	T
D	N	Z	B	U	I	N	U	J	A	X	L	S	E	R	Y
A	E	M	M	G	L	D	O	K	K	N	W	I	D	H	C
G	D	A	E	U	U	P	F	V	K	I	I	K	N	T	D
A	W	N	T	A	J	N	R	F	E	Z	E	X	E	Q	D
D	C	D	P	U	V	X	E	A	T	M	B	E	L	C	E
S	Q	A	E	K	G	S	D	E	U	B	B	P	A	K	S
R	J	G	S	X	Z	D	A	D	V	N	N	E	K	L	E
I	A	P	R	I	L	V	G	B	R	A	A	S	R	K	M
T	F	C	Z	B	Y	P	V	T	K	Y	K	J	T	E	B
T	U	H	X	Q	B	P	J	K	C	N	P	T	N	D	E
O	G	E	E	O	Y	R	I	L	S	Y	W	Q	O	Q	R
T	H	G	W	M	X	B	J	F	P	C	C	S	W	S	P
O	K	T	O	B	E	R	U	W	L	N	L	F	Y	G	N

APRIL
AUGUST
ÅR
KALENDER
DESEMBER
SØNDAG
FEBRUAR
JANUAR
JULI
JUNI
MÅNED
NOVEMBER
OKTOBER
TORSDAG
LØRDAG
MANDAG
UKE
SEPTEMBER
FREDAG
TIRSDAG

70 - Saúde e Bem Estar #2

S	A	A	Q	H	I	Q	B	Z	S	R	Ø	M	U	H	S
Y	N	P	U	P	K	E	O	S	I	Z	G	A	D	E	Y
K	A	P	U	F	K	D	M	O	U	X	U	S	I	B	K
D	T	E	N	E	I	G	Y	H	W	N	A	S	E	V	E
O	O	T	L	G	T	B	B	G	L	O	N	A	T	I	H
M	M	I	E	X	E	Q	L	M	G	J	L	S	T	T	U
R	I	T	L	N	N	P	U	O	R	S	O	J	N	A	S
L	M	T	M	S	E	K	W	J	D	K	U	E	C	M	M
H	S	E	T	J	G	R	I	G	R	E	L	L	A	I	V
Q	K	R	O	P	P	A	G	S	X	F	N	O	M	N	Y
Y	S	U	U	I	C	U	Y	I	W	N	S	T	G	B	R
F	O	R	D	Ø	Y	E	L	S	E	I	R	O	L	A	K
F	G	X	B	D	E	H	Y	D	R	E	R	I	N	G	G
F	G	U	E	D	B	H	H	O	X	Y	W	Z	W	H	O
D	E	A	F	W	S	L	S	L	A	N	H	G	R	I	W
B	P	B	R	T	N	C	K	B	J	V	E	K	T	K	X

ALLERGI
ANATOMI
APPETITT
KALORI
KROPP
DEHYDRERING
DIETT
FORDØYELSE
SYKDOM
ENERGI
GENETIKK
HYGIENE
SYKEHUS
HUMØR
INFEKSJON
MASSASJE
VEKT
BLOD
SUNN
VITAMIN

71 - Geografia

X	S	C	G	W	A	F	C	Q	L	L	K	Q	J	E	J
N	K	O	M	H	C	E	N	O	R	D	O	S	Ø	R	O
K	A	C	U	S	A	L	T	A	O	V	N	T	J	T	Y
C	R	A	U	Y	Z	V	L	Z	V	A	T	I	P	E	F
F	T	V	W	M	E	B	R	K	K	B	I	O	D	R	K
W	M	Q	M	H	O	J	Z	Y	R	F	N	B	A	R	F
V	E	S	T	Q	A	Y	S	Y	E	B	E	R	R	I	I
M	E	R	I	D	I	A	N	X	F	T	N	E	G	T	X
M	H	L	D	B	H	B	U	J	N	F	T	D	E	O	P
O	Q	L	U	Y	Ø	J	L	F	B	O	P	D	D	R	N
G	U	V	S	K	G	G	V	J	Y	Q	I	E	G	I	E
Y	W	S	V	G	V	V	Z	E	A	W	E	G	N	U	M
C	T	L	A	M	V	L	V	L	E	J	E	R	E	M	D
N	J	D	Y	X	D	N	A	L	N	X	T	A	L	R	E
H	Ø	Y	D	E	P	L	Y	H	D	Z	F	D	U	D	L
R	H	Q	F	B	I	K	V	E	R	D	E	N	I	B	V

HØYDE
ATLAS
BY
KONTINENT
HALVKULE
ØY
BREDDEGRAD
LENGDEGRAD
KART
HAV
MERIDIAN
FJELL
VERDEN
NORD
VEST
LAND
REGION
ELV
SØR
TERRITORIUM

72 - Antártica

P	M	V	R	E	A	N	E	I	G	V	C	K	A	Y	F
I	I	I	K	J	C	M	W	T	Y	A	Y	U	T	Q	S
N	G	T	K	U	B	I	T	N	E	N	I	T	N	O	K
G	R	E	H	R	E	L	A	R	E	N	I	M	S	E	Y
V	A	N	A	E	R	J	O	E	B	J	I	S	B	W	Y
I	S	S	L	Y	F	Ø	I	K	D	D	Y	E	P	L	R
N	J	K	V	Ø	B	C	H	S	J	K	H	B	T	A	U
E	O	A	Ø	T	D	U	C	R	S	S	I	J	R	S	T
R	N	P	Y	X	A	E	Z	O	R	U	F	R	D	N	A
Y	U	E	H	L	O	H	A	F	H	I	A	R	L	K	R
I	U	L	V	P	J	B	F	I	S	B	R	E	E	R	E
M	S	I	Y	R	R	M	J	O	F	D	G	V	F	G	P
V	X	G	N	I	R	A	V	E	B	J	O	W	I	R	M
C	U	V	N	N	N	O	J	S	I	D	E	P	S	K	E
K	U	U	R	I	V	N	I	F	A	R	G	O	P	O	T
V	Y	X	V	U	V	I	O	X	G	R	B	Z	I	Z	G

MILJØ
VANN
BUKT
VITENSKAPELIG
BEVARING
KONTINENT
VIK
EKSPEDISJON
ISBREER
IS

GEOGRAFI
ØYER
FORSKER
MIGRASJON
MINERALER
HALVØY
PINGVINER
STEINETE
TEMPERATUR
TOPOGRAFI

73 - Flores

B	W	S	P	B	T	L	E	D	N	E	V	A	L	X	P
G	F	O	A	É	D	I	K	R	O	O	B	Y	Ø	Y	Å
H	S	L	C	E	A	L	H	L	N	P	D	S	V	K	S
N	Y	S	Q	Y	L	J	R	I	S	H	I	U	E	K	K
C	P	I	G	E	B	E	Q	N	B	T	O	T	T	E	E
L	L	K	N	F	N	R	F	V	P	I	I	T	A	W	L
O	U	K	S	U	O	N	J	T	Z	Z	S	E	N	Y	I
E	M	E	D	Y	R	F	N	E	S	U	T	K	N	K	L
W	E	K	D	S	K	Z	U	F	T	V	P	U	U	N	J
N	R	E	V	Ø	L	K	Y	S	B	T	A	B	X	S	E
A	I	M	A	G	N	O	L	I	A	V	R	L	X	C	O
P	A	M	H	M	S	J	F	W	B	R	M	P	M	M	X
I	D	Q	S	L	I	L	L	A	L	C	F	E	R	U	Y
L	K	D	Y	A	I	N	E	D	R	A	G	O	O	F	E
U	C	J	F	Q	J	A	T	C	X	X	H	N	S	K	F
T	D	F	B	H	U	S	W	Z	T	I	Y	K	E	R	M

BUKETT
LØVETANN
GARDENIA
SOLSIKKE
HIBISKUS
SJASMIN
LAVENDEL
LILLA
LILJE
MAGNOLIA
TUSENFRYD
PÅSKELILJE
ORKIDÉ
VALMUE
PEON
KRONBLAD
PLUMERIA
ROSE
KLØVER
TULIPAN

74 - Fazenda #1

E	G	S	I	R	G	I	C	G	W	F	H	Z	Q	U	M
O	Y	R	K	B	E	O	D	J	Y	G	G	U	N	Z	V
O	V	T	Z	H	I	H	P	Ø	G	V	J	K	N	S	O
K	A	L	V	Ø	T	E	P	D	S	K	C	E	F	D	P
K	E	E	K	Y	T	S	M	S	D	Y	L	K	R	U	I
O	S	F	E	X	A	E	P	E	P	L	H	Å	A	D	V
L	G	A	F	A	B	L	W	L	M	L	O	R	D	C	E
F	V	S	B	E	F	N	M	V	H	I	N	K	P	H	H
U	I	A	Y	P	G	F	F	U	F	N	N	U	P	K	Q
S	S	Z	N	S	B	S	B	E	U	G	I	R	F	A	W
Z	S	D	V	N	X	U	D	W	Y	S	N	B	R	C	E
M	L	T	B	I	E	G	S	Z	Z	H	G	D	Y	B	K
R	U	D	Z	B	M	O	I	T	Y	N	Q	N	K	G	Y
H	E	S	T	T	A	K	Y	J	T	A	W	A	T	B	P
N	Z	I	S	Y	E	L	T	H	I	X	H	L	U	V	E
F	M	R	S	Q	M	V	N	X	U	K	W	O	T	I	G

BIE
LANDBRUK
RIS
VANN
KALV
ESEL
GEIT
FELT
HEST
HUND

GJERDE
KRÅKE
HØY
GJØDSEL
KYLLING
KATT
HONNING
GRIS
FLOKK
KU

75 - Livros

B	H	F	R	H	J	D	R	S	N	D	M	F	O	I	Y
L	I	T	T	E	R	Æ	R	E	Q	U	D	O	P	E	R
U	G	R	M	B	Y	K	B	R	J	A	Y	R	P	B	Y
N	Y	F	T	U	T	Y	G	I	U	L	Q	F	F	C	O
A	B	A	F	F	N	D	N	E	D	I	S	A	I	K	Q
M	K	T	T	S	E	X	O	D	T	T	L	T	N	O	A
O	I	T	O	F	V	Y	Y	F	J	E	Z	T	N	N	B
R	Y	K	U	M	E	D	P	G	T	T	B	E	S	T	F
S	W	I	O	E	I	R	O	T	S	I	H	R	O	E	O
L	K	D	T	G	L	Q	B	V	O	J	S	O	M	K	R
E	S	R	U	I	Z	L	I	K	W	I	Y	E	M	S	T
S	I	K	E	S	A	M	L	I	N	G	M	R	O	T	E
E	G	Q	T	V	E	L	Z	B	K	N	J	B	R	P	L
R	A	C	U	Y	E	A	E	I	R	D	X	A	I	Y	L
B	R	A	D	J	P	T	E	P	I	S	K	N	H	T	E
K	T	N	H	I	S	T	O	R	I	S	K	S	Q	W	R

FORFATTER
EVENTYR
SAMLING
KONTEKST
DUALITET
SKREVET
EPISK
HISTORIE
HISTORISK
OPPFINNSOM
LESER
LITTERÆR
FORTELLER
SIDE
DIKT
POESI
AKTUELL
ROMAN
SERIE
TRAGISK

76 - Governo

T	E	H	G	I	G	N	E	H	V	A	U	N	X	F	D
H	O	N	H	P	A	R	A	E	Y	I	P	Q	F	R	E
I	U	U	A	H	R	N	U	S	R	C	Y	B	J	I	M
N	A	S	J	O	N	A	L	N	J	S	B	L	D	H	O
D	I	S	T	R	I	K	T	R	N	O	N	I	M	E	K
D	I	S	K	U	S	J	O	N	E	L	N	H	L	T	R
U	G	H	Z	S	Z	B	M	A	V	T	O	T	O	W	A
A	H	X	M	L	E	D	E	R	Y	K	T	V	V	L	T
L	I	K	E	S	T	I	L	L	I	N	G	S	Y	R	I
R	E	T	T	F	E	R	D	I	G	H	E	T	L	Z	L
S	B	A	S	Z	L	N	B	R	A	A	G	Y	O	I	M
Y	S	J	R	S	U	T	G	T	U	B	J	T	J	N	G
M	T	F	R	E	D	E	L	I	G	O	M	H	R	A	Y
B	A	P	O	L	I	T	I	K	K	U	Y	X	A	A	A
O	T	X	T	A	L	E	P	M	O	N	U	M	E	N	T
L	O	K	Z	S	I	V	I	L	F	L	V	W	A	L	K

SIVIL
GRUNNLOV
DEMOKRATI
TALE
DISKUSJON
DISTRIKT
STAT
LIKESTILLING
UAVHENGIGHET
RETTSLIG

RETTFERDIGHET
LOV
FRIHET
LEDER
MONUMENT
NASJONAL
NASJON
FREDELIG
POLITIKK
SYMBOL

77 - Jardinagem

G	E	B	L	A	D	F	U	K	T	I	G	H	E	T	N
I	G	K	B	K	R	B	U	K	E	T	T	K	C	W	X
S	N	S	S	L	I	F	E	E	S	R	S	D	L	B	N
S	A	I	Q	O	O	I	I	G	K	A	O	N	F	H	W
E	L	N	N	W	T	M	N	A	I	J	P	L	B	K	I
M	S	A	Z	Z	U	I	S	H	T	L	M	F	W	A	S
G	J	T	K	B	I	D	S	T	T	Y	O	R	A	N	M
N	K	O	J	O	R	D	J	K	E	K	K	Ø	F	Z	E
O	Q	B	E	S	V	X	D	U	A	R	K	K	M	L	P
S	Q	W	R	L	C	J	A	R	B	E	P	P	P	T	O
E	R	Z	T	I	N	L	T	F	O	V	Y	K	T	X	K
S	P	I	S	E	L	I	G	G	S	V	O	R	A	H	U
K	L	I	M	A	V	J	K	Y	L	Ø	Y	N	I	D	A
I	C	L	O	Q	J	A	R	E	D	L	O	H	E	B	Q
U	Z	G	L	B	R	Z	N	S	Y	C	U	T	F	Q	E
P	E	P	B	Y	F	P	L	N	F	M	P	W	D	S	O

VANN
BOTANISK
BUKETT
KLIMA
SPISELIG
KOMPOST
ART
EKSOTISK
BLOMSTRE
BLOMSTER
BLAD
LØVVERK
SLANGE
FRUKTHAGE
BEHOLDER
SESONGMESSIG
FRØ
JORD
SKITT
FUKTIGHET

78 - Profissões #2

T	Q	H	F	D	D	L	R	Z	T	P	R	F	S	Z	N
R	Ø	I	N	E	G	N	I	J	A	Y	K	I	R	M	E
L	E	G	E	L	K	B	E	C	N	K	Q	L	A	C	F
P	I	L	O	T	S	I	V	G	N	I	L	O	K	U	O
R	Ø	T	A	R	T	S	U	L	L	I	H	S	E	L	T
M	N	W	U	M	J	B	K	M	E	B	R	O	T	Æ	O
A	S	T	R	O	N	A	U	T	G	D	I	F	O	R	G
Z	N	S	E	G	P	J	L	U	E	W	N	O	I	E	R
O	Q	I	N	A	P	K	Q	X	Y	X	Q	O	L	R	A
O	J	L	N	R	E	K	S	R	O	F	P	E	B	O	F
L	R	A	I	T	L	E	S	L	M	Q	Z	L	I	W	G
O	H	N	F	N	Y	V	B	U	D	F	Z	X	B	Y	R
G	R	R	P	E	X	C	G	O	J	G	Q	B	G	H	U
E	G	U	P	R	S	C	G	T	X	O	A	Z	B	T	R
W	G	O	O	D	X	V	V	M	P	Z	X	H	U	D	I
G	Y	J	Y	Y	Q	A	M	C	D	C	G	F	R	P	K

BONDE
ASTRONAUT
BIBLIOTEKAR
BIOLOG
KIRURG
TANNLEGE
INGENIØR
FILOSOF
FOTOGRAF
ILLUSTRATØR
OPPFINNER
FORSKER
GARTNER
JOURNALIST
LINGVIST
LEGE
PILOT
MALER
LÆRER
ZOOLOG

79 - Negócios

V	Q	T	K	E	T	N	N	I	E	T	T	A	S	N	A
E	G	L	G	O	Q	M	A	R	Y	X	L	S	K	B	T
K	Q	O	L	Y	N	S	O	A	T	C	U	A	A	I	U
A	A	S	T	N	Q	T	T	I	F	O	R	P	T	N	L
N	R	R	W	T	X	T	O	L	U	I	J	G	T	V	A
Y	M	B	R	E	U	A	D	R	D	L	E	P	E	E	V
I	U	S	E	I	Q	B	F	I	N	A	N	S	R	S	O
T	H	Q	I	I	E	A	W	L	F	Y	U	T	X	T	V
K	P	Y	J	U	D	R	S	A	L	G	Z	T	X	E	U
Z	A	C	W	M	H	S	E	P	E	N	G	E	R	R	C
Ø	K	O	N	O	M	I	G	S	U	I	Y	J	C	I	W
L	S	M	D	M	A	K	K	I	T	U	B	S	G	N	U
F	L	F	A	B	R	I	K	K	V	V	I	D	J	G	A
D	E	T	S	O	K	P	F	R	B	E	Y	U	R	N	E
W	S	L	F	O	J	W	F	S	E	D	R	B	J	F	U
H	A	N	D	E	L	S	V	A	R	E	R	C	Q	S	S

KARRIERE
KOSTE
RABATT
PENGER
ØKONOMI
ANSATT
ARBEIDSGIVER
SELSKAP
KONTOR
FABRIKK
FINANS
SKATTER
INVESTERING
BUTIKK
PROFITT
HANDELSVARER
VALUTA
BUDSJETT
INNTEKT
SALG

80 - Fazenda #2

Y	C	X	D	T	U	P	L	T	N	M	L	P	G	E	G
V	U	O	X	E	R	W	Z	T	W	O	Q	I	Q	L	M
B	W	A	V	S	F	A	B	H	P	D	N	A	G	U	V
B	U	H	I	E	J	F	K	Y	T	E	D	R	Y	H	C
B	Y	G	G	K	X	K	G	T	V	N	K	O	R	N	O
M	G	K	G	X	B	P	G	N	O	L	I	Q	F	O	O
R	N	N	P	I	A	M	V	L	Y	R	L	P	C	J	V
M	E	B	I	K	U	B	E	G	A	H	T	K	U	R	F
E	R	Z	L	N	H	V	E	T	E	T	I	A	L	Y	I
L	R	Z	A	V	N	B	O	N	D	E	M	S	Å	D	A
K	Q	H	M	N	P	A	I	D	T	Z	A	N	V	I	G
J	O	U	A	L	T	A	V	T	H	G	K	N	E	L	X
I	W	R	D	A	A	O	V	U	D	I	P	Ø	S	M	S
Z	Y	H	P	M	S	G	E	B	J	L	E	R	N	A	T
A	G	Q	B	A	Q	Z	E	F	E	N	O	G	W	T	U
E	Q	N	Q	F	R	U	K	T	B	G	H	H	V	V	F

BONDE
DYR
LÅVE
BYGG
BIKUBE
LAM
FRUKT
VANNING
MELK
LAMA
MODEN
KORN
SAU
HYRDE
AND
FRUKTHAGE
ENG
TRAKTOR
HVETE
GRØNNSAK

81 - Jardim

T	S	M	O	L	B	P	H	V	L	C	G	W	M	S	V
R	G	X	H	H	N	L	E	O	Q	F	R	M	M	Q	I
A	I	J	S	U	L	E	D	A	P	S	E	B	Y	X	N
M	Y	H	E	D	M	N	R	S	I	W	S	D	N	S	T
P	D	E	G	R	A	L	O	Q	M	P	S	N	Z	T	R
O	O	W	N	S	D	V	J	T	A	H	E	L	O	A	E
L	A	Y	A	H	Y	E	G	A	H	T	K	U	R	F	E
I	P	V	L	Y	A	P	N	D	Y	Q	V	P	G	L	T
N	R	F	S	T	E	R	R	A	S	S	E	Y	E	J	S
E	W	Q	P	L	G	D	T	Z	P	J	G	N	S	B	O
Y	D	I	D	P	F	O	V	I	O	B	A	A	U	F	Y
V	E	R	A	N	D	A	B	U	K	E	H	Q	J	E	M
G	A	R	A	S	J	E	H	U	Z	N	R	A	K	E	A
D	G	H	T	C	R	V	A	H	S	K	L	B	B	Y	Z
H	P	Q	V	Y	Y	U	E	Y	Ø	K	E	G	N	E	H
L	L	L	X	C	V	M	Z	S	P	G	C	Q	H	F	T

RAKE
BUSK
TRE
BENK
GJERDE
BLOMST
GARASJE
GRESS
PLEN
HAGE
DAM
HENGEKØYE
SLANGE
SPADE
FRUKTHAGE
JORD
TERRASSE
TRAMPOLINE
VERANDA
VINTREET

82 - Oceano

A	L	X	S	K	G	R	S	S	I	T	E	N	A	M	S
G	L	W	Y	K	O	R	W	A	F	U	V	U	E	X	V
B	F	U	P	O	I	R	B	L	Å	N	V	S	Y	C	G
B	Ø	L	G	E	R	L	A	T	T	F	R	C	X	I	U
S	R	T	I	L	D	J	P	L	Z	I	A	H	P	N	D
I	M	G	X	F	B	V	E	A	L	S	G	D	Q	S	O
U	N	S	O	V	L	E	Q	N	D	K	E	E	T	R	R
E	U	J	K	A	E	K	E	R	K	D	Z	L	G	N	P
B	R	D	Y	H	K	H	M	N	A	D	E	F	C	V	Y
B	U	S	X	N	K	S	K	N	Z	V	R	I	O	Q	E
I	Y	I	E	P	S	X	V	A	P	R	O	N	I	E	P
U	M	G	T	V	P	M	A	V	S	S	V	C	N	T	B
K	D	R	T	B	R	G	F	E	N	G	V	E	U	B	Å
L	P	E	O	B	U	I	I	D	Ø	S	T	E	R	S	T
Y	V	V	N	T	T	A	S	I	K	R	A	B	B	E	D
E	A	R	O	K	S	Y	K	T	H	V	A	L	L	Q	W

TUNFISK
HVAL
BÅT
REKE
KRABBE
KORALL
ÅL
SVAMP
DELFIN
TIDEVANN
MANET
BØLGER
ØSTERS
FISK
BLEKKSPRUT
REV
SALT
SKILPADDE
STORM
HAI

83 - Profissões #1

N	N	A	M	N	N	A	R	B	A	Y	P	R	S	L	E
R	Æ	N	I	R	E	T	E	V	M	B	B	Ø	J	X	Z
G	D	E	A	A	P	A	N	O	B	W	G	R	Ø	V	T
H	E	P	O	G	Q	P	T	F	A	G	G	L	M	J	I
G	M	O	N	O	R	T	S	A	S	V	Y	E	A	X	Q
N	S	L	L	L	F	S	N	R	S	M	F	G	N	V	W
T	L	C	A	O	Y	I	U	G	A	N	I	G	N	Q	Y
Q	L	I	F	K	G	N	K	O	D	Q	K	E	C	R	K
W	U	W	C	Y	J	A	X	T	Ø	S	D	R	U	G	I
V	G	W	G	S	I	I	O	R	R	E	G	E	J	J	A
T	N	K	B	P	A	P	W	A	C	E	D	Z	C	M	S
B	A	N	K	I	E	R	W	K	Y	F	K	X	F	L	M
S	Y	K	E	P	L	E	I	E	R	N	N	I	T	S	U
F	O	R	S	K	E	R	E	S	N	A	D	C	S	R	C
R	E	D	A	K	T	Ø	R	W	Q	R	U	G	Y	U	Y
A	D	V	O	K	A	T	Z	X	G	G	Z	A	W	C	M

ADVOKAT
KUNSTNER
ASTRONOM
BANKIER
BRANNMANN
JEGER
KARTOGRAF
FORSKER
DANSER
REDAKTØR
AMBASSADØR
RØRLEGGER
SYKEPLEIER
GEOLOG
GULLSMED
SJØMANN
MUSIKER
PIANIST
PSYKOLOG
VETERINÆR

84 - Força e Gravidade

F	E	S	N	Z	L	U	T	Y	D	D	A	S	D	V	S
A	Y	E	O	T	P	C	E	K	I	Y	V	K	D	K	X
H	N	S	D	S	L	C	H	H	D	N	S	B	Y	K	V
E	M	S	I	T	E	N	G	A	M	A	T	E	B	P	Q
N	P	E	T	K	Z	X	I	M	P	M	A	R	Z	H	N
A	J	R	H	I	K	S	T	G	N	I	N	M	B	D	R
B	H	P	M	V	E	M	S	K	W	S	D	D	U	W	A
A	H	R	A	G	O	V	A	I	C	K	U	H	S	Q	V
Y	K	U	N	M	Z	C	H	N	O	J	S	K	I	R	F
R	U	S	H	R	E	P	A	K	S	N	E	G	E	B	C
Y	S	V	E	U	L	K	E	P	X	V	N	V	E	K	T
D	N	P	K	R	T	V	A	B	V	V	T	G	J	Z	Z
G	N	I	N	K	R	I	V	N	N	I	R	R	W	N	D
P	L	A	N	E	T	E	R	B	I	A	U	C	M	E	D
O	P	P	D	A	G	E	L	S	E	K	M	J	E	V	Y
B	E	V	E	G	E	L	S	E	S	R	K	H	A	G	F

FRIKSJON
SENTRUM
OPPDAGELSE
DYNAMISK
AVSTAND
AKSER
FYSIKK
INNVIRKNING
MAGNETISME
MEKANIKK
BEVEGELSE
BANE
VEKT
PLANETER
PRESS
EGENSKAPER
HASTIGHET
TID

85 - Abelhas

W	I	P	W	R	L	E	G	C	H	U	L	I	Ø	T	L
B	G	J	O	M	A	N	G	F	O	L	D	N	K	S	D
L	T	I	X	L	B	N	Z	A	O	O	J	S	O	V	S
O	K	T	P	E	L	S	S	I	H	S	F	E	S	F	U
M	P	N	C	S	Y	E	Z	M	K	B	B	K	Y	Ø	R
S	K	O	V	G	N	I	N	N	O	R	D	T	S	Y	L
T	E	X	Z	C	N	B	I	K	U	B	E	J	T	G	D
R	E	T	S	M	O	L	B	A	R	V	C	T	E	U	N
E	H	O	N	N	I	N	G	V	V	S	K	S	M	N	H
Y	E	J	E	O	X	N	Y	R	F	M	L	L	I	S	H
O	R	Q	G	C	P	V	N	K	S	R	P	I	I	T	I
E	B	U	O	A	T	V	A	G	R	E	U	B	E	I	N
A	Z	T	N	J	A	U	G	X	M	V	J	K	P	G	U
N	I	U	B	R	K	F	U	I	V	S	B	Z	T	L	K
H	A	B	I	T	A	T	P	O	A	R	O	A	Z	V	R
V	I	N	G	E	R	E	T	N	A	L	P	W	V	S	T

VINGER
GUNSTIG
VOKS
BIKUBE
MANGFOLD
ØKOSYSTEM
SVERM
BLOMSTRE
BLOMSTER
FRUKT
RØYK
HABITAT
INSEKT
HAGE
HONNING
PLANTER
POLLEN
DRONNING
SOL

86 - Ciência

P	V	H	Z	C	X	W	W	G	L	K	A	P	M	B	Q
F	A	T	A	D	R	T	U	T	A	B	B	A	Y	V	Q
O	U	R	X	N	C	P	D	J	B	L	W	S	Y	E	T
S	M	O	T	A	A	H	S	H	O	U	P	W	O	G	L
S	Z	X	G	I	A	T	P	N	R	D	R	E	N	F	X
I	N	M	T	D	K	W	U	U	A	M	E	T	O	D	E
L	L	X	C	N	N	L	O	R	T	H	L	P	J	E	M
T	Q	B	P	L	E	F	E	X	O	Y	A	L	S	V	S
F	O	R	S	K	E	R	N	R	R	P	R	A	A	O	I
M	O	L	E	K	Y	L	E	R	I	O	E	N	V	L	N
A	U	T	J	C	Y	A	Q	M	U	T	N	T	R	U	A
E	G	T	I	J	W	X	Y	Y	M	E	I	E	E	S	G
N	A	D	K	K	I	S	Y	F	A	S	M	R	S	J	R
K	L	I	M	A	B	K	S	I	M	E	J	K	B	O	O
K	R	A	C	E	F	K	O	O	B	V	X	M	O	N	C
Q	C	H	Q	O	T	Y	N	G	D	E	K	R	A	F	T

ATOM
FORSKER
KLIMA
DATA
EVOLUSJON
FAKTUM
FYSIKK
FOSSILT
TYNGDEKRAFT
HYPOTESE
LABORATORIUM
METODE
MINERALER
MOLEKYLER
NATUR
OBSERVASJON
ORGANISME
PARTIKLER
PLANTER
KJEMISK

87 - Comida #1

E	A	X	Y	T	M	F	G	Q	R	W	Z	L	H	M	Q
X	I	R	K	C	C	Z	E	U	K	Ø	L	B	Q	H	B
F	K	P	A	E	X	W	W	H	L	E	N	A	K	X	D
O	B	T	E	D	F	V	Q	W	E	R	M	E	B	E	J
V	U	T	A	E	P	E	N	C	M	Y	O	C	Y	Z	L
L	A	J	T	P	Z	O	U	D	P	G	S	T	G	W	L
U	N	V	K	P	H	V	I	T	L	Ø	K	A	G	R	L
H	A	H	N	U	K	N	Y	A	S	Q	H	J	L	W	O
L	B	S	K	S	S	K	K	L	G	G	L	H	I	T	H
W	Y	C	V	R	I	P	E	A	N	Ø	T	T	N	X	W
S	Y	E	K	J	F	T	Z	S	A	P	R	I	K	O	S
U	V	C	A	L	N	Z	R	Æ	B	D	R	O	J	S	T
K	E	Z	K	D	U	F	U	O	M	K	B	P	I	L	K
K	W	W	E	X	T	W	G	S	N	S	P	I	N	A	T
E	C	I	U	J	F	N	G	I	Q	W	X	R	X	F	X
R	J	B	A	S	I	L	I	K	U	M	G	H	Y	D	C

SUKKER
HVITLØK
PEANØTT
TUNFISK
KAKE
KANEL
LØK
GULROT
BYGG
APRIKOS
SPINAT
MELK
SITRON
BASILIKUM
JORDBÆR
NEPE
SALT
SALAT
SUPPE
JUICE

88 - Geometria

X	L	A	T	N	O	S	I	R	O	H	B	G	F	V	B
U	F	X	E	S	S	D	I	A	M	E	T	E	R	I	E
V	T	B	O	B	P	E	F	L	A	T	E	A	S	N	R
U	Z	R	R	O	R	N	G	U	O	U	E	C	O	K	E
J	K	K	I	G	O	L	J	M	U	U	I	I	N	E	G
N	H	S	N	M	A	S	S	E	E	R	K	W	A	L	N
K	U	R	V	E	A	N	O	J	S	N	E	M	I	D	I
X	A	S	J	W	B	J	L	A	K	I	T	R	E	V	N
Y	T	D	I	E	S	V	I	N	W	B	G	E	D	X	G
T	U	R	P	R	S	D	Z	D	B	K	V	S	T	A	L
R	P	O	J	U	K	H	R	E	T	R	E	K	A	N	T
M	E	D	I	A	N	E	Ø	L	C	A	W	Z	L	C	X
F	V	E	D	X	W	Z	L	Y	L	I	G	N	I	N	G
S	Y	M	M	E	T	R	I	V	D	Q	C	F	F	R	C
P	A	R	A	L	L	E	L	L	A	E	A	O	B	S	H
F	T	Q	R	V	Z	Z	C	Q	I	Y	Y	T	B	Z	J

HØYDE
VINKEL
BEREGNING
SIRKEL
KURVE
DIAMETER
DIMENSJON
LIGNING
HORISONTAL
LOGIKK

MASSE
MEDIAN
PARALLELL
ANDEL
SEGMENTET
SYMMETRI
FLATE
TEORI
TREKANT
VERTIKAL

89 - Pássaros

K	X	L	C	S	N	M	H	N	P	Z	A	N	U	P	B
P	Y	U	W	B	I	R	Q	N	F	A	N	Y	H	A	E
E	V	L	H	X	Q	P	I	I	T	S	D	N	U	P	I
M	I	G	L	P	M	O	N	Y	Z	P	Ø	R	N	E	B
Y	A	U	S	I	C	U	A	F	J	U	P	P	L	G	G
T	V	F	T	M	N	X	R	K	A	R	F	I	D	Ø	M
C	N	Å	G	E	E	G	S	Y	P	V	D	N	K	Y	Å
X	L	P	Å	W	N	S	T	R	U	T	S	G	D	E	K
P	D	N	S	V	A	X	L	I	T	P	D	V	G	N	E
J	E	O	N	A	V	T	K	K	O	G	C	I	M	E	U
Y	R	L	P	V	S	F	L	P	U	O	X	N	O	K	D
T	G	U	I	G	A	G	F	B	C	O	I	W	Y	Å	Z
O	E	T	V	K	R	O	T	S	A	H	B	Q	D	R	O
M	H	H	L	L	A	P	V	E	N	N	J	D	S	K	X
C	L	R	F	O	G	N	I	M	A	L	F	G	J	Ø	K
N	O	W	R	R	P	Z	G	R	N	T	C	W	I	W	H

STRUTS
ØRN
STORK
SVANEN
KRÅKE
GJØK
FLAMINGO
KYLLING
MÅKE
GÅS
HEGRE
EGG
PAPEGØYE
SPURV
AND
PÅFUGL
PELIKAN
PINGVIN
DUE
TOUCAN

90 - Literatura

F	C	D	F	X	X	A	O	B	C	R	R	S	H	E	M
F	O	Y	I	N	H	G	M	I	R	Y	O	S	Y	Z	E
X	E	R	V	A	Y	Z	X	O	T	T	M	A	N	X	T
L	X	P	F	O	L	K	I	G	R	M	A	A	R	Y	A
T	E	M	A	A	E	O	Q	R	A	E	N	F	D	E	F
D	I	K	T	V	T	N	G	A	G	L	S	Q	D	E	O
F	T	U	W	T	O	T	P	F	E	S	T	I	L	S	R
P	G	R	G	B	D	A	E	I	D	Q	L	J	F	L	F
L	V	D	S	B	K	P	S	R	I	K	S	B	E	E	O
R	B	K	J	E	E	N	Y	A	E	D	J	Y	X	V	R
Z	E	N	O	O	N	F	L	A	N	A	L	O	G	I	T
A	V	Y	O	X	A	G	A	S	O	H	K	P	N	R	E
P	O	E	T	I	S	K	N	Y	C	K	V	M	I	K	L
Q	X	B	N	L	E	M	A	A	P	Y	W	O	N	S	L
K	O	N	K	L	U	S	J	O	N	O	Z	I	E	E	E
S	A	M	M	E	N	L	I	G	N	I	N	G	M	B	R

ANALOGI
ANALYSE
ANEKDOTE
FORFATTER
BIOGRAFI
SAMMENLIGNING
KONKLUSJON
BESKRIVELSE
DIALOG
STIL
METAFOR
FORTELLER
MENING
DIKT
POETISK
RIM
RYTME
ROMAN
TEMA
TRAGEDIE

91 - Química

K	H	G	I	P	D	Y	L	Z	M	Q	V	G	E	N	O
S	A	A	D	N	R	U	P	A	T	D	H	K	L	U	R
I	R	T	L	A	S	L	X	G	O	T	C	G	E	K	G
L	R	K	A	F	A	P	L	Y	K	E	L	O	M	L	A
A	S	E	K	L	J	R	Y	B	S	H	D	H	E	E	N
K	Y	V	V	W	Y	F	C	G	Y	W	M	W	N	Æ	I
L	P	C	U	W	E	S	S	A	G	N	O	O	T	R	S
A	F	G	D	B	X	N	A	G	E	R	Y	S	E	S	K
G	B	W	P	L	M	D	Z	T	N	O	I	P	R	F	W
E	L	E	K	T	R	O	N	Y	O	W	C	C	L	P	V
K	H	Y	D	R	O	G	E	N	M	R	B	C	T	H	C
S	U	S	S	O	L	K	M	O	U	E	C	Z	Y	F	R
Æ	F	F	X	M	K	T	R	B	N	A	R	A	B	U	A
V	I	H	K	R	U	T	A	R	E	P	M	E	T	C	C
Q	G	Y	X	P	L	T	V	A	G	F	S	D	M	K	L
V	G	J	L	K	R	X	S	K	X	K	A	C	T	Y	S

ALKALISK
SYRE
VARME
KARBON
KATALYSATOR
KLOR
ELEMENTER
ELEKTRON
ENZYM
GASS
HYDROGEN
ION
VÆSKE
MOLEKYL
NUKLEÆR
ORGANISK
OKSYGEN
VEKT
SALT
TEMPERATUR

92 - Clima

T	T	T	E	M	P	E	R	A	T	U	R	E	K	Q	F
G	H	Å	S	B	N	B	L	Y	S	J	Q	G	I	B	L
C	M	O	K	E	G	D	A	W	B	D	X	P	I	B	Q
P	T	T	A	E	U	B	N	G	E	R	L	T	I	D	T
R	Ø	T	B	K	X	L	U	X	Y	Q	N	Ø	G	S	W
X	R	T	D	J	D	Q	S	R	K	G	H	R	X	V	H
N	R	D	O	E	V	O	N	P	H	J	G	K	D	V	T
S	Y	V	A	R	V	D	O	O	X	T	V	E	J	V	R
D	P	E	V	Æ	N	K	M	L	S	Y	E	S	S	I	O
F	S	Z	E	F	Y	A	B	A	T	N	H	E	B	P	P
T	W	Q	Y	S	L	M	D	R	O	N	A	K	R	O	I
P	B	L	H	O	O	I	N	O	R	E	Z	V	I	M	S
S	K	Y	P	M	T	L	I	W	M	D	W	A	S	M	K
W	L	B	S	T	Y	K	V	Z	A	R	W	C	E	Y	H
I	R	X	Y	A	B	V	L	D	X	O	H	R	P	D	F
G	H	I	M	M	E	L	Y	C	R	T	W	E	B	T	H

REGNBUE
ATMOSFÆRE
BRIS
HIMMEL
KLIMA
ORKAN
IS
MONSUN
TÅKE
SKY
POLAR
LYN
TØRKE
TØRR
TEMPERATUR
STORM
TORNADO
TROPISK
TORDEN
VIND

93 - Tecnologia

I	H	U	T	D	U	B	S	B	S	C	R	P	J	P	D
N	D	E	F	O	P	V	U	I	A	T	W	T	U	A	I
T	U	V	H	V	O	V	R	G	K	P	C	W	V	E	G
E	F	O	R	S	K	N	I	N	G	K	C	Z	E	V	I
R	Ø	K	R	A	M	P	V	M	U	F	E	M	A	L	T
N	I	K	S	A	M	A	T	A	D	J	P	R	E	E	A
E	S	N	E	T	T	L	E	S	E	R	R	E	H	J	L
T	K	T	K	A	M	E	R	A	N	U	O	J	Z	E	T
T	H	L	A	D	B	Y	T	E	P	M	G	K	H	W	T
H	V	N	B	T	A	S	C	Z	R	E	R	S	K	D	F
A	N	H	L	G	I	T	W	Q	U	L	A	O	N	I	I
A	I	G	O	M	Z	S	A	X	I	D	M	K	F	P	R
D	F	S	G	X	U	W	T	O	W	I	V	W	U	H	K
B	I	S	G	S	C	V	Q	I	P	N	A	B	N	Q	S
E	L	L	E	U	T	R	I	V	K	G	R	U	C	V	H
Y	T	Q	R	L	T	X	Q	U	A	K	E	H	H	O	G

FIL
BLOGG
BYTE
KAMERA
DATAMASKIN
MARKØR
DATA
DIGITALT
STATISTIKK
SKRIFT
INTERNETT
MELDING
NETTLESER
FORSKNING
SIKKERHET
PROGRAMVARE
SKJERM
VIRTUELL
VIRUS

94 - Arte

S	K	A	P	E	A	N	W	D	I	S	E	V	F	K	F
E	M	N	E	B	Q	B	O	K	K	Y	R	T	T	U	I
P	F	P	V	A	C	K	X	N	T	M	M	A	F	M	G
O	E	S	Z	X	J	C	T	P	W	B	J	O	M	K	U
R	R	R	E	I	R	E	L	A	M	O	J	G	D	H	R
I	D	O	S	T	J	L	Y	L	H	L	E	K	N	E	S
G	L	Q	Y	O	I	N	S	P	I	R	E	R	T	A	K
I	I	G	N	I	N	T	E	S	N	E	M	M	A	S	U
N	K	L	V	H	X	L	T	W	X	Q	L	Æ	K	K	L
A	S	C	B	C	R	U	I	S	E	O	P	R	E	O	P
L	L	E	U	S	I	V	N	G	U	J	F	L	R	M	T
S	U	R	R	E	A	L	I	S	M	E	Q	I	A	P	U
Z	H	B	Ø	N	X	G	V	E	Z	R	Z	G	M	L	R
R	K	W	E	M	H	I	H	X	L	P	I	X	I	E	U
C	J	R	B	K	U	M	T	Y	Q	A	Q	S	S	K	Z
J	S	H	X	J	W	H	G	O	Y	F	C	C	K	S	M

KERAMISK
KOMPLEKS
SAMMENSETNING
SKAPE
SKULPTUR
UTTRYKK
FIGUR
ÆRLIG
HUMØR
INSPIRERT
ORIGINAL
PERSONLIG
MALERIER
POESI
SKILDRE
ENKEL
SYMBOL
EMNE
SURREALISME
VISUELL

95 - Diplomacia

Y	T	T	D	E	B	Y	I	L	F	R	C	N	G	S	I
R	E	G	J	E	R	I	N	G	Ø	H	Y	O	L	P	N
E	H	C	Z	R	M	C	O	T	X	S	Z	Z	Z	R	T
V	G	O	I	T	S	X	J	A	W	R	N	H	W	Å	E
I	I	K	K	I	T	E	S	T	N	Z	V	I	S	K	G
G	D	D	K	J	S	C	U	K	D	L	Y	J	N	F	R
D	R	S	I	V	U	Y	K	A	T	D	E	V	E	G	I
Å	E	A	T	P	H	E	S	R	C	Q	O	K	S	A	T
R	F	M	I	Z	L	V	I	T	F	C	W	O	A	M	E
O	T	F	L	K	K	O	D	S	C	X	X	N	M	B	T
H	T	U	O	H	U	R	M	O	I	X	A	F	A	A	U
C	E	N	P	T	V	N	D	A	N	C	P	L	R	S	G
J	R	N	E	L	M	G	U	F	T	M	Y	I	B	S	Y
E	R	E	B	O	R	G	E	R	E	I	T	K	E	A	S
Q	B	T	E	H	R	E	K	K	I	S	S	T	I	D	B
A	M	B	A	S	S	A	D	Ø	R	C	K	K	D	E	J

BORGERE
SAMFUNNET
KONFLIKT
RÅDGIVER
SAMARBEID
DIPLOMATISK
DISKUSJON
AMBASSADE
AMBASSADØR
ETIKK
REGJERING
INTEGRITET
RETTFERDIGHET
SPRÅK
POLITIKK
VEDTAK
SIKKERHET
LØSNING
TRAKTAT

96 - Comida # 2

E	D	A	L	O	K	O	J	S	K	I	N	K	E	Z	T
C	W	R	K	E	E	I	G	M	S	L	X	F	L	H	F
D	Y	T	H	I	I	U	T	I	I	O	A	P	P	O	S
Q	Y	I	V	Q	R	U	U	E	F	K	G	G	E	V	X
C	Q	S	E	W	G	S	A	Y	I	K	F	X	N	L	Y
X	T	J	T	K	H	F	E	A	X	O	C	M	I	B	X
V	H	O	E	A	P	B	U	B	I	R	C	H	G	C	W
K	E	K	V	G	M	K	Z	V	Æ	B	H	J	R	I	S
G	E	K	C	I	M	O	I	C	Z	R	J	P	E	C	U
Y	O	G	H	U	R	T	T	W	Y	W	Q	C	B	N	O
H	T	P	K	W	N	G	N	Y	I	Y	X	X	U	K	B
M	A	N	D	E	L	D	R	U	E	Y	R	H	A	X	H
K	Y	L	L	I	N	G	L	A	E	K	U	Z	Y	A	U
G	W	V	Z	Y	O	R	B	A	N	A	N	T	I	O	G
Y	Q	U	R	G	A	X	M	S	X	O	S	T	G	D	Z
J	O	B	M	A	S	T	V	N	L	W	Q	B	Z	T	P

ARTISJOKK
MANDEL
RIS
BANAN
AUBERGINE
BROKKOLI
KIRSEBÆR
SJOKOLADE
SOPP
KYLLING

YOGHURT
KIWI
EPLE
EGG
FISK
SKINKE
OST
TOMAT
HVETE
DRUE

97 - Universo

H	O	N	U	X	H	B	S	H	M	U	T	U	S	N	Z
P	M	C	V	B	S	I	V	V	Å	K	E	J	B	T	H
N	D	V	Z	R	Z	D	M	L	N	Q	L	B	A	N	E
H	A	L	V	K	U	L	E	M	E	M	E	K	A	O	D
G	R	A	L	O	S	Y	S	W	E	F	S	O	T	S	I
A	G	H	I	M	M	E	L	S	K	L	K	S	M	I	O
L	E	S	A	B	H	N	S	U	S	J	O	M	O	R	R
A	D	M	O	S	E	U	T	H	I	P	P	I	S	O	E
X	G	U	O	L	T	P	R	X	B	C	S	S	F	H	T
Y	N	D	D	L	V	R	K	Y	C	X	Y	K	Æ	H	S
B	E	D	O	C	S	E	O	W	T	J	N	F	R	M	A
C	L	X	E	I	R	Q	R	N	Z	J	L	V	E	X	V
W	N	B	M	P	I	Z	U	V	O	D	I	Z	M	Q	J
B	R	E	D	D	E	G	R	A	D	M	G	S	E	N	E
E	K	V	A	T	O	R	A	S	T	R	O	N	O	M	I
S	P	B	X	O	D	Y	R	E	K	R	E	T	S	E	N

ASTEROIDE
ASTRONOMI
ASTRONOM
ATMOSFÆRE
HIMMELSK
HIMMEL
KOSMISK
EKVATOR
GALAXY
HALVKULE
HORISONT
BREDDEGRAD
LENGDEGRAD
MÅNE
BANE
SOLAR
SOLVERV
TELESKOP
SYNLIG
DYREKRETSEN

98 - Jazz

Z	Z	H	H	X	E	U	D	W	G	M	F	I	G	H	F
O	R	K	E	S	T	E	R	P	E	K	J	V	C	W	K
K	L	M	Y	K	H	N	I	D	K	I	L	D	J	R	H
T	S	I	N	O	P	M	O	K	H	O	E	L	O	B	K
R	E	G	N	A	J	S	R	Y	T	M	E	S	R	V	I
E	F	K	K	I	S	U	M	U	B	L	A	E	X	B	J
S	A	W	N	O	J	S	A	S	I	V	O	R	P	M	I
N	V	G	N	I	N	T	E	S	N	E	M	M	A	S	B
O	O	N	W	T	K	E	V	K	R	R	C	X	B	G	K
K	R	A	F	T	R	K	M	J	U	S	W	U	W	A	J
Q	I	S	O	A	F	O	K	Z	L	N	C	G	A	M	T
S	T	Q	X	L	P	V	M	E	Q	M	S	V	W	M	S
T	T	N	W	E	E	S	K	M	V	A	R	T	X	E	H
I	E	S	O	N	E	P	P	V	E	K	O	A	N	L	K
L	R	O	K	T	M	Ø	R	E	B	R	R	V	K	E	J
O	R	K	X	M	Y	J	R	R	Q	H	K	A	J	F	R

KUNSTNER
ALBUM
TROMMER
SANG
SAMMENSETNING
KOMPONIST
KONSERT
STIL
VEKT
BERØMT
FAVORITTER
SJANGER
IMPROVISASJON
MUSIKK
NY
ORKESTER
RYTME
TALENT
TEKNIKK
GAMMEL

99 - Barcos

H	X	M	Y	Q	W	E	T	Å	L	F	E	B	B	S	Y
H	G	K	V	P	S	J	L	X	W	Y	E	Ø	T	A	L
L	V	E	Q	F	M	R	O	V	T	Å	B	L	I	E	S
N	K	Z	H	A	V	E	T	C	K	M	W	G	V	C	W
Y	X	I	I	K	M	F	T	H	C	A	Y	E	L	D	H
A	E	W	R	C	B	B	L	A	I	F	N	R	M	Y	R
G	N	N	A	M	Ø	J	S	V	M	H	S	T	A	V	V
R	L	K	K	A	J	A	K	Z	O	D	E	I	R	Z	U
L	J	M	E	T	O	S	A	A	T	T	Q	D	I	F	U
M	H	F	K	R	X	R	N	F	O	G	V	E	T	G	J
R	A	S	S	G	G	S	O	W	R	Q	Y	V	I	W	S
Z	W	S	I	K	B	F	B	Ø	Y	E	Q	A	M	G	D
G	A	N	T	M	A	N	N	S	K	A	P	N	U	F	Y
U	T	S	U	A	T	I	N	N	S	J	Ø	N	C	W	K
D	P	Y	A	I	P	T	G	Q	S	O	B	V	I	M	L
U	G	X	N	P	F	E	Q	J	N	R	O	Z	S	B	R

ANKER
FERJE
BØYE
KAJAKK
KANO
TAU
YACHT
FLÅTE
INNSJØ
HAV
TIDEVANN
SJØMANN
MARITIM
MAST
MOTOR
NAUTISK
BØLGER
ELV
MANNSKAP
SEILBÅT

100 - Mamíferos

J	P	I	C	B	J	A	R	B	E	S	B	H	E	H	Z
O	L	R	E	J	Z	N	E	L	K	F	K	Y	E	Y	F
R	A	H	Æ	I	M	B	V	L	U	O	Q	M	O	S	S
H	V	S	E	R	S	G	I	T	X	K	M	A	K	K	T
S	A	U	Y	T	I	F	L	Z	T	S	V	L	A	V	H
U	K	W	Q	X	E	E	O	C	V	E	L	L	T	N	D
F	L	U	A	K	U	F	U	N	V	K	B	I	T	R	W
X	F	R	E	V	E	B	S	L	D	F	X	R	Q	D	N
K	F	U	F	B	S	L	F	L	V	L	M	O	N	H	M
E	A	G	H	O	N	B	G	Ø	Y	A	Q	G	A	S	X
I	R	N	I	F	L	E	D	V	E	L	E	F	A	N	T
K	I	E	I	L	A	Z	N	E	N	B	T	P	M	L	T
W	J	K	Z	N	Z	T	U	N	H	T	M	A	P	E	A
B	S	U	H	W	C	S	H	Q	I	J	Q	A	D	M	Y
O	S	D	A	F	O	Z	B	N	Z	X	N	U	R	A	U
M	R	S	U	O	D	E	N	S	B	U	N	H	D	K	M

HVAL
KAMEL
KENGURU
BEVER
HEST
HUND
KANIN
PRÆRIEULV
ELEFANT
KATT
SJIRAFF
DELFIN
GORILLA
LØVE
ULV
APE
SAU
REV
OKSE
SEBRA

1 - Dirigindo

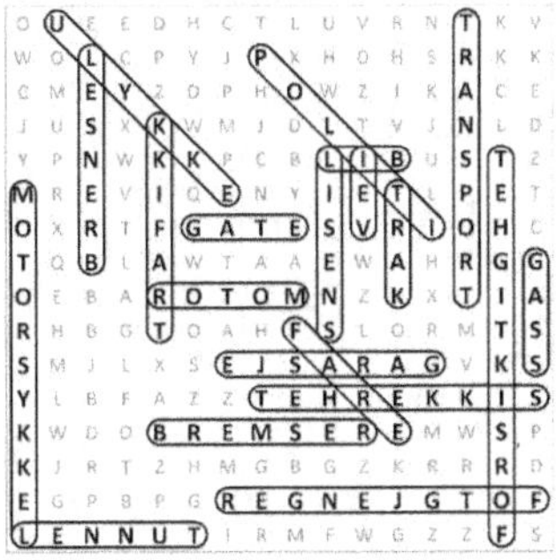

2 - Antiguidades

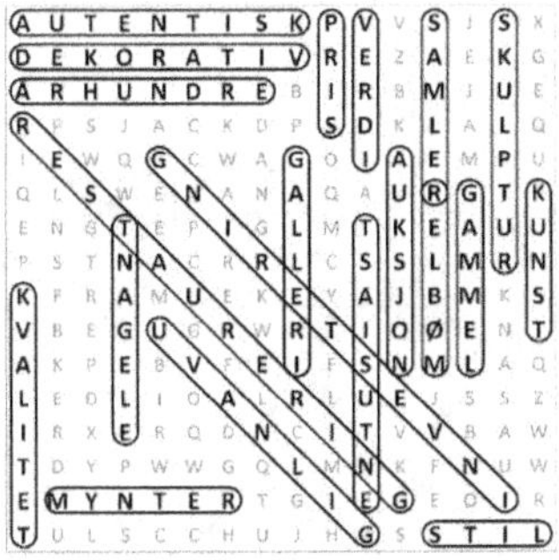

3 - Churrascos

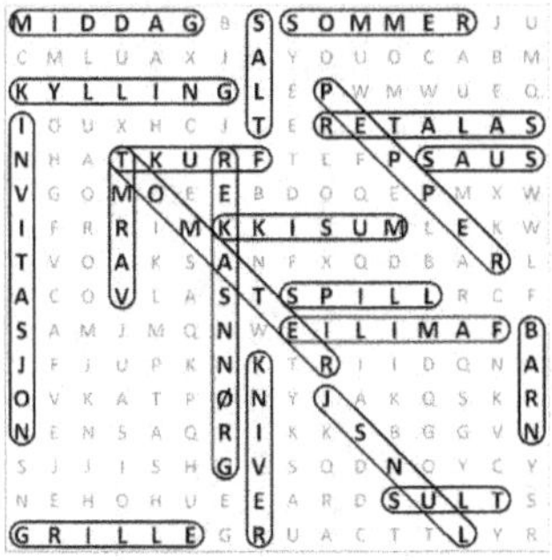

4 - Pesca

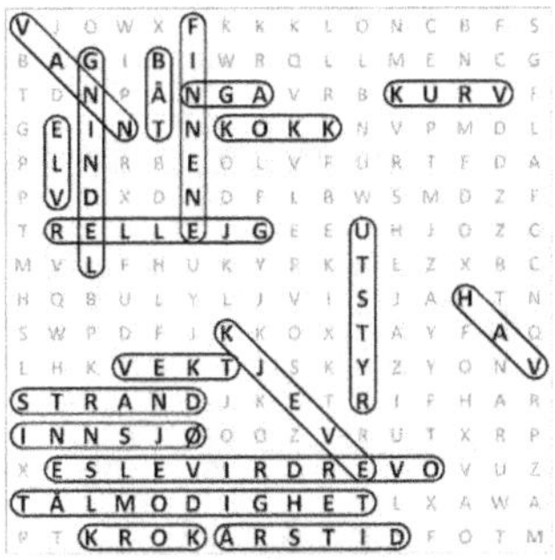

5 - Geologia

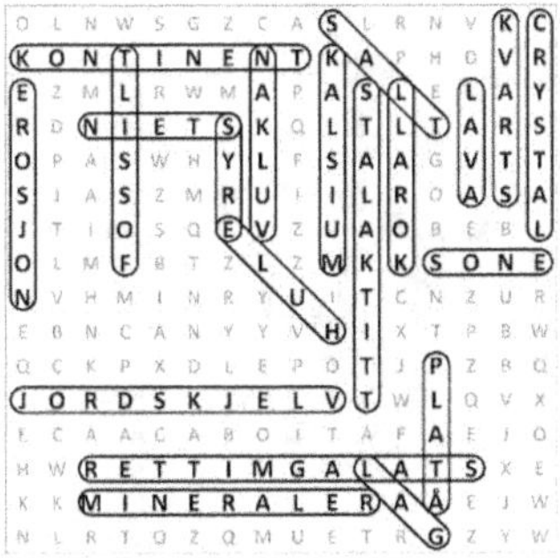

6 - Tempo

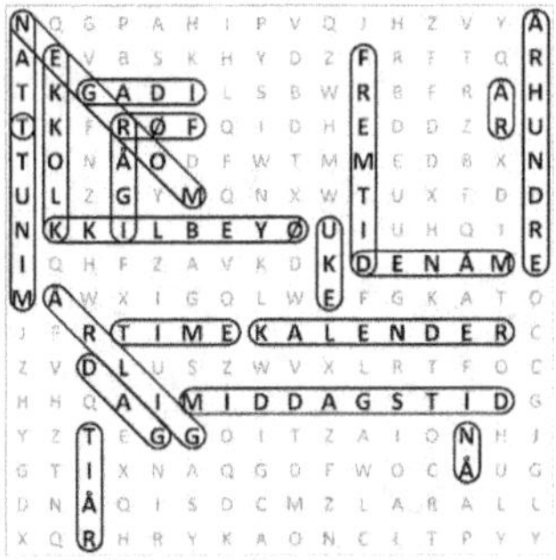

7 - Astronomia

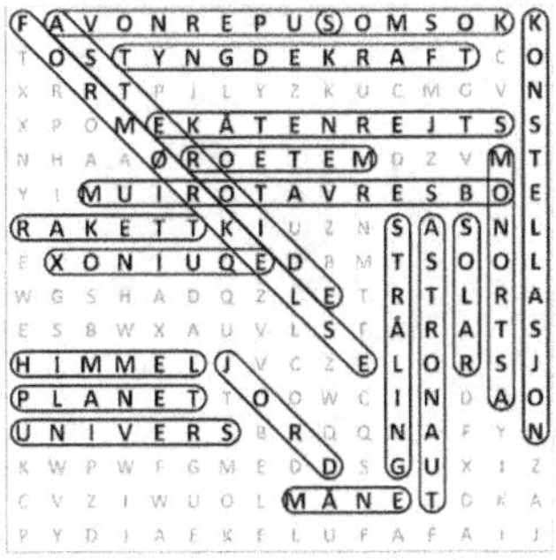

8 - Acampamento

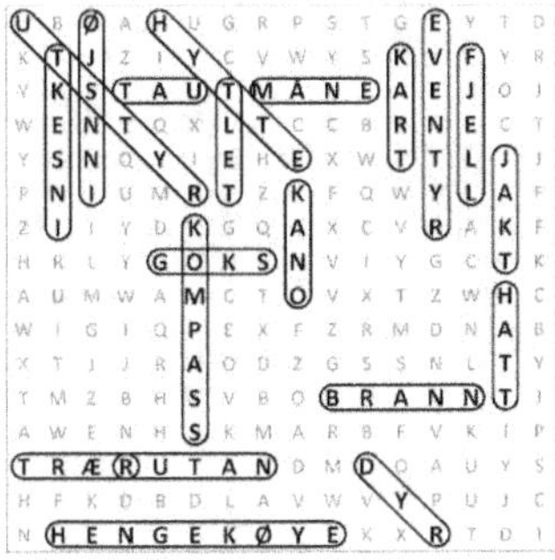

9 - Ficção Científica

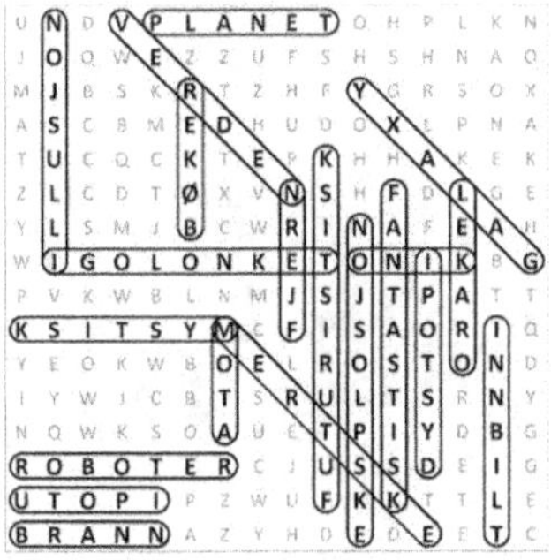

10 - Mitologia

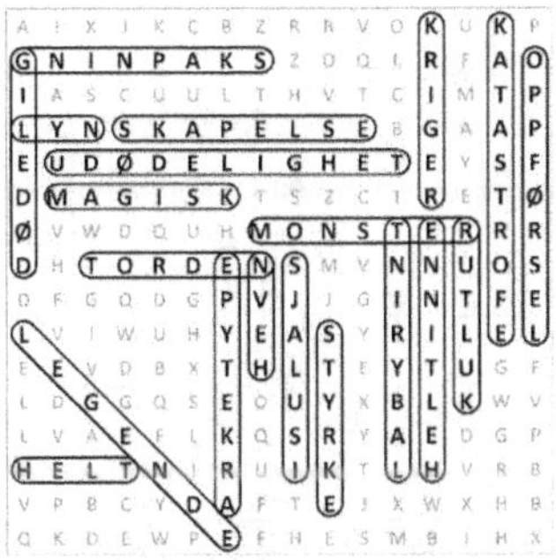

11 - Medições

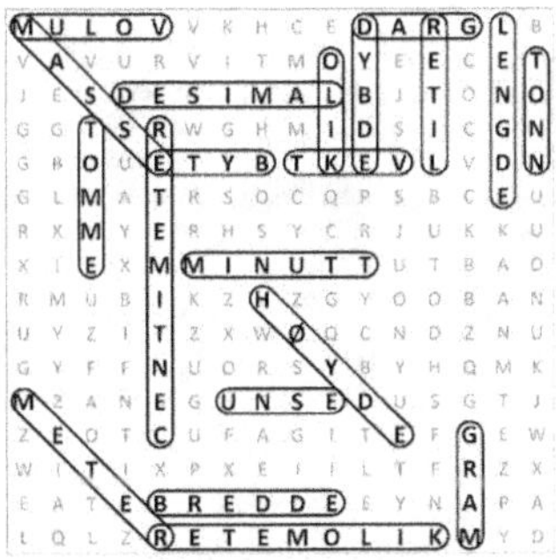

12 - Álgebra

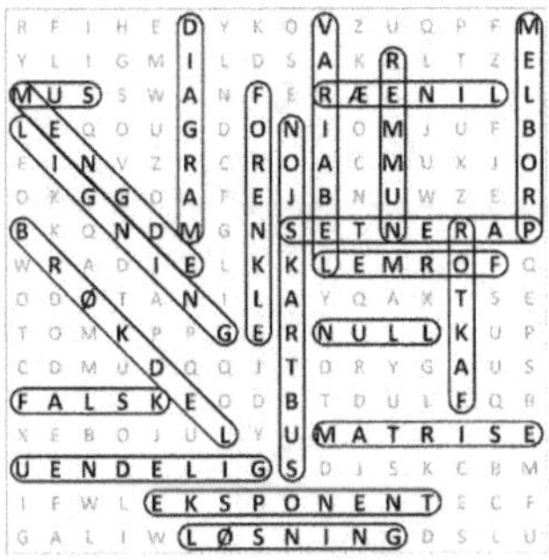

13 - Plantas

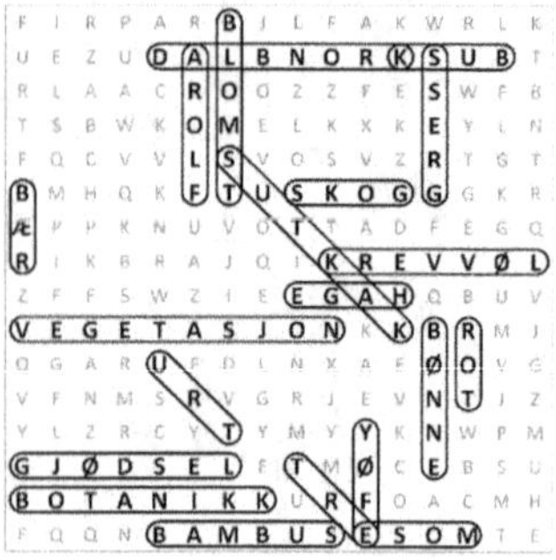

14 - Veículos

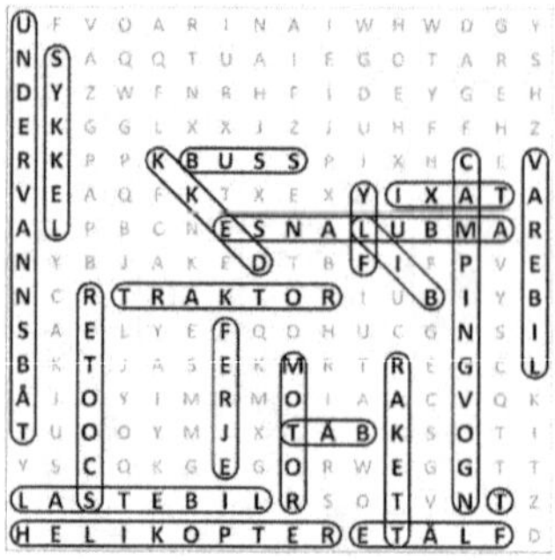

15 - Engenharia

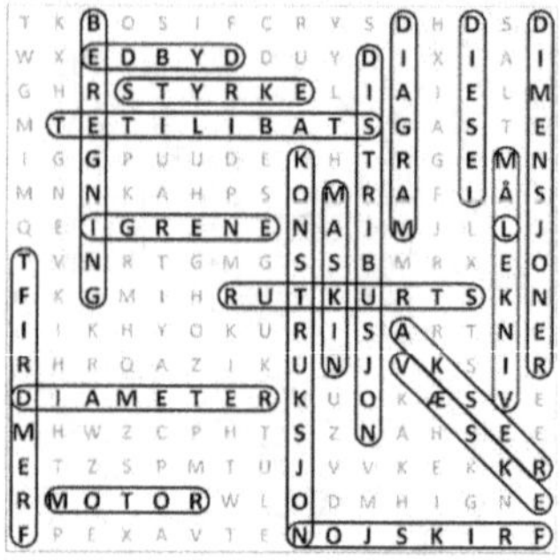

16 - Restaurante # 2

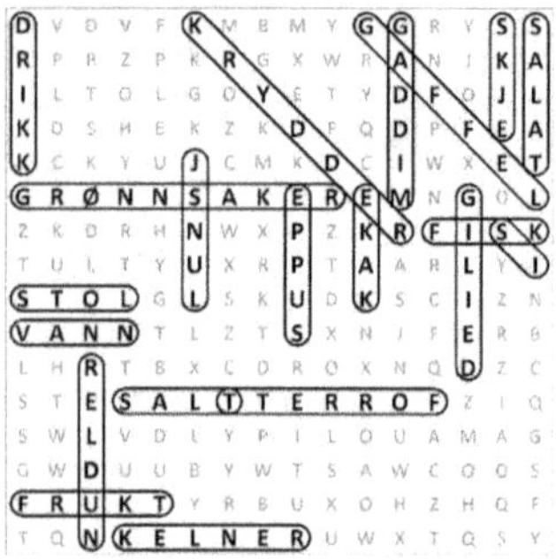

17 - Países #2

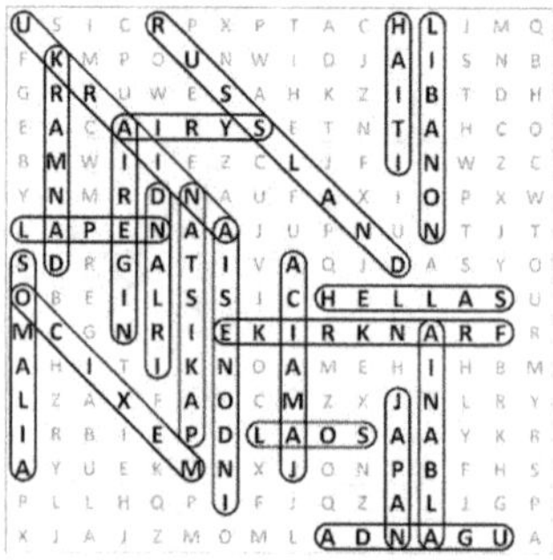

18 - Cozinha

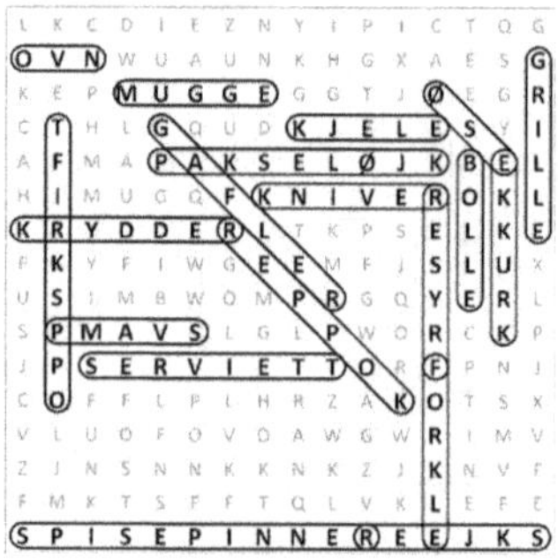

19 - Material de Arte

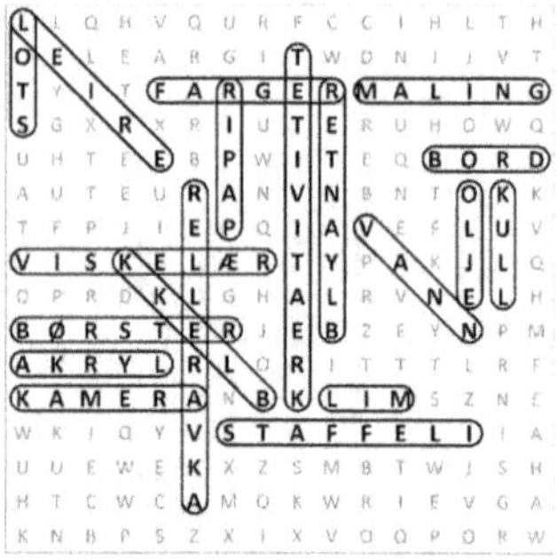

20 - Números

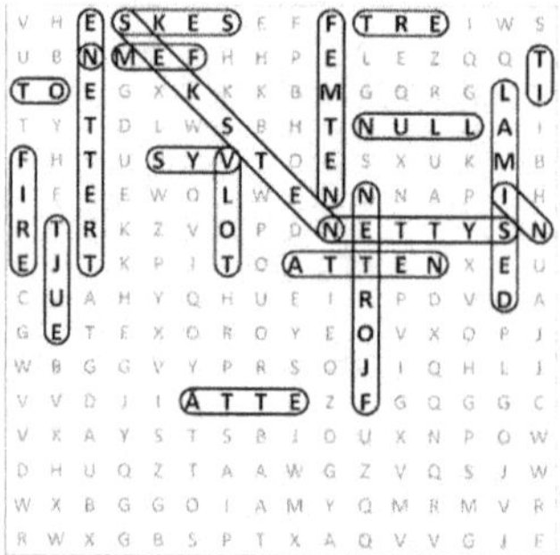

21 - Física

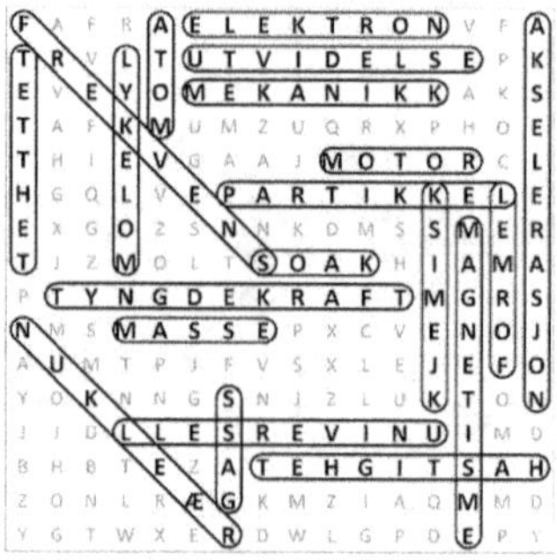

22 - Especiarias

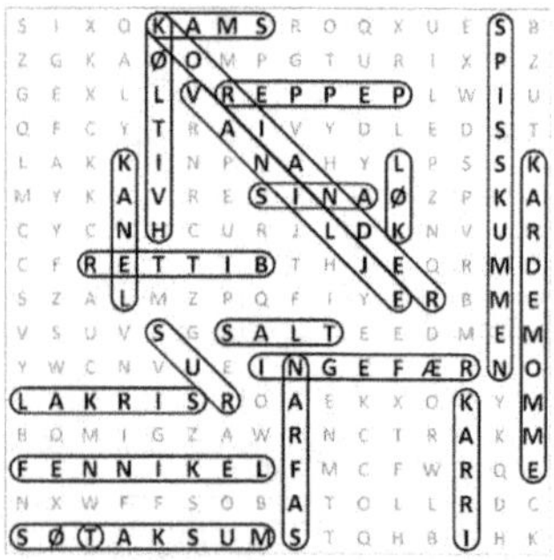

23 - Países #1

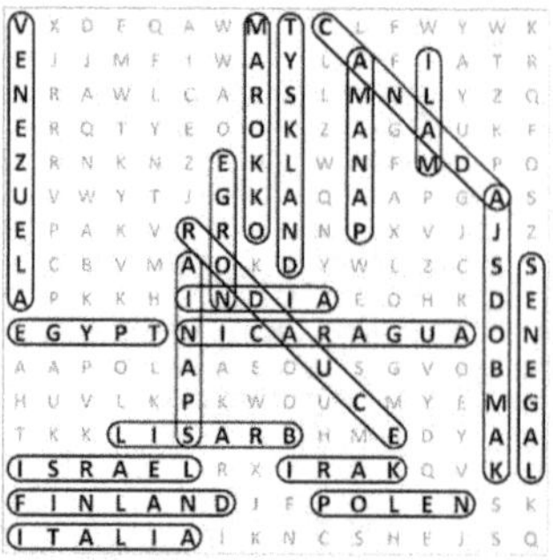

24 - A Mídia

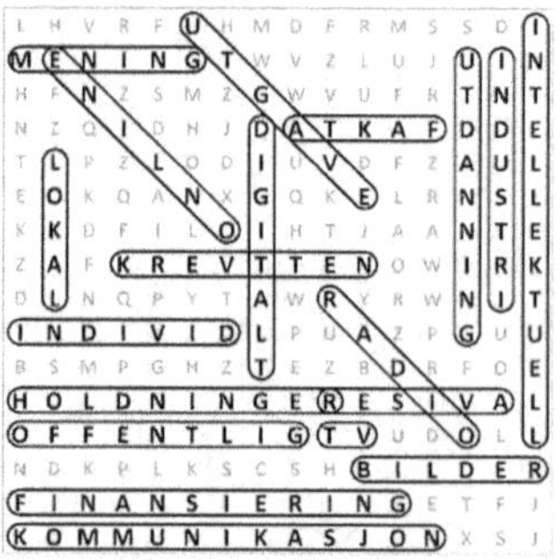

25 - Casa

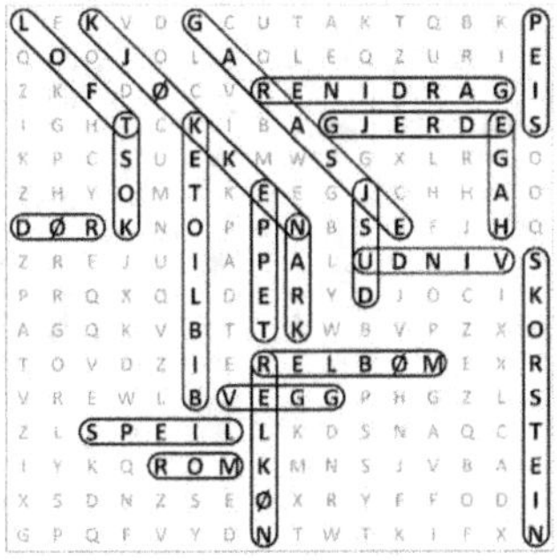

26 - Vegetais

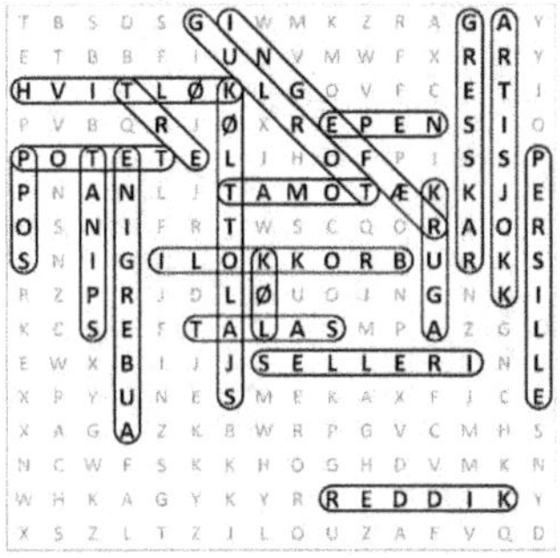

27 - Balé

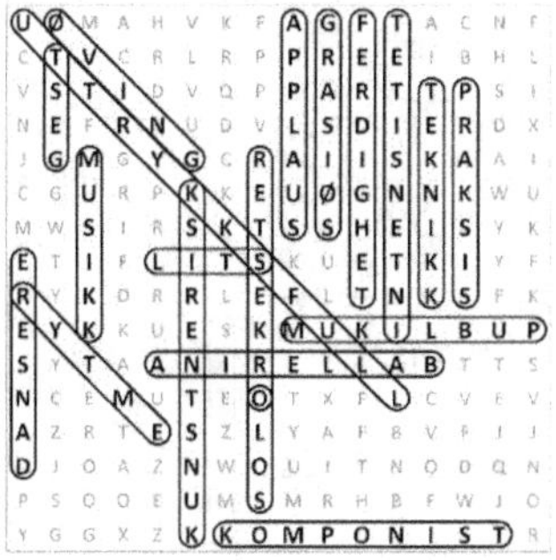

28 - Adjetivos #1

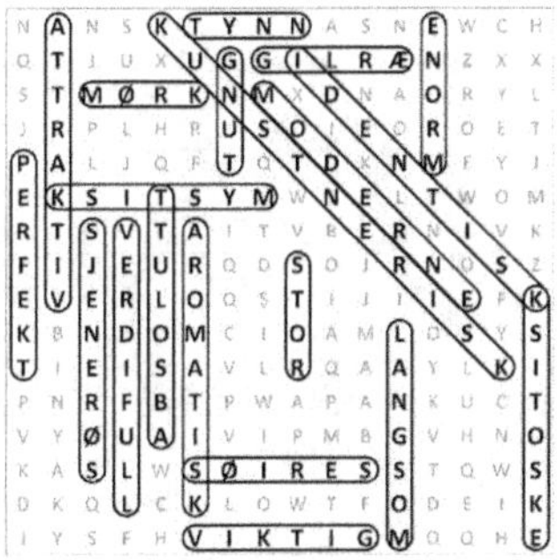

29 - Psicologia

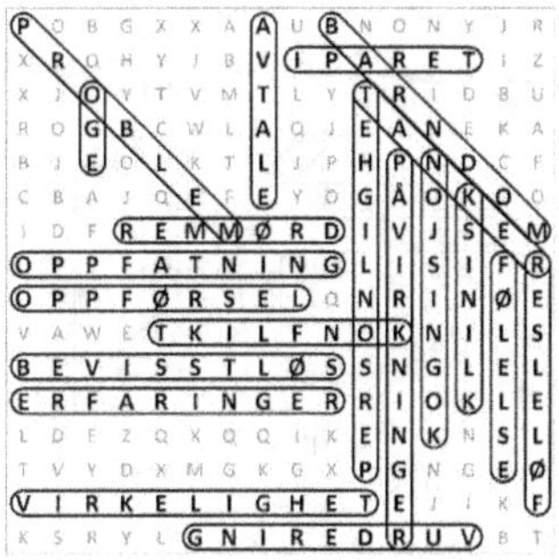

30 - Paisagens

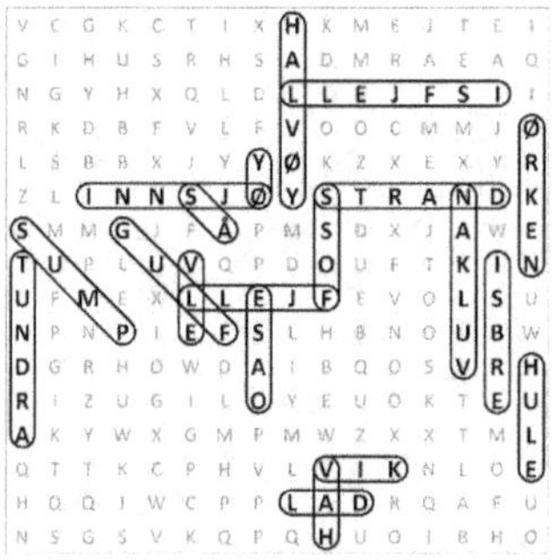

31 - Dança

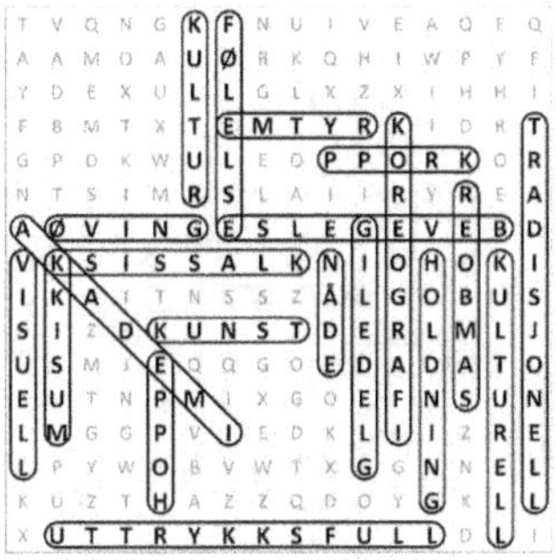

32 - Nutrição

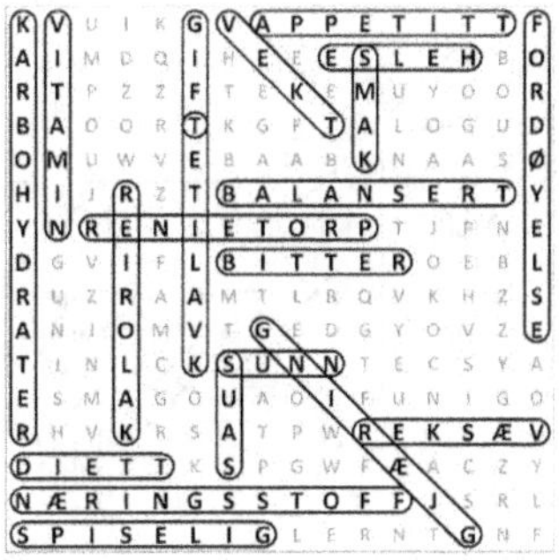

33 - Energia

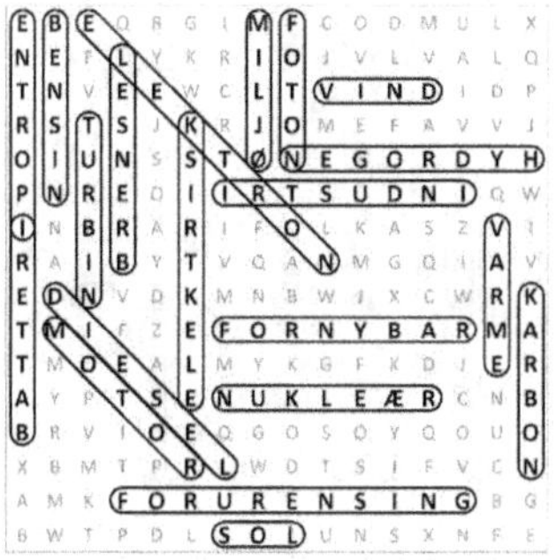

34 - Disciplinas Científicas

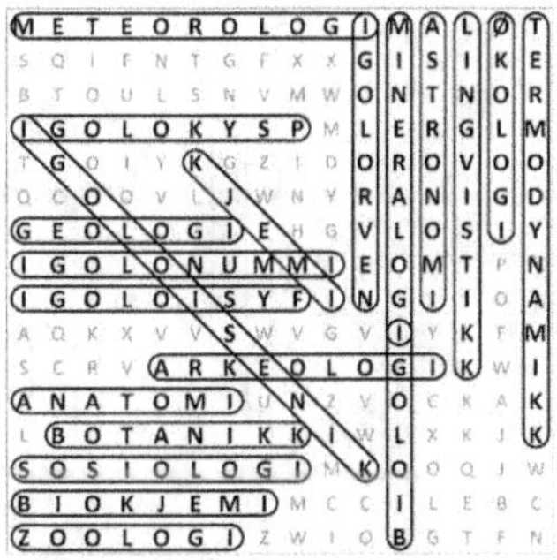

35 - Meditação

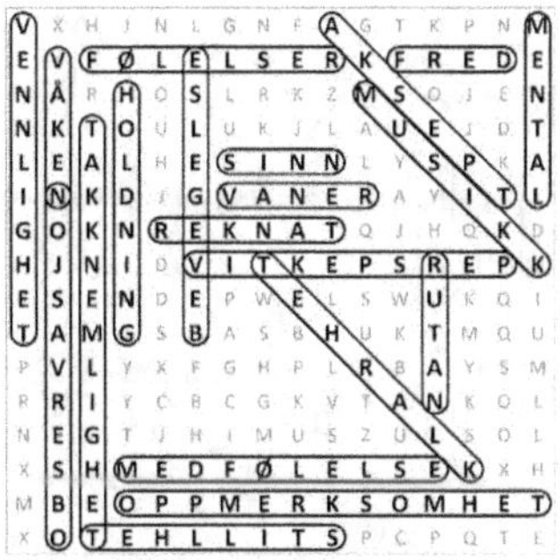

36 - Artes Visuais

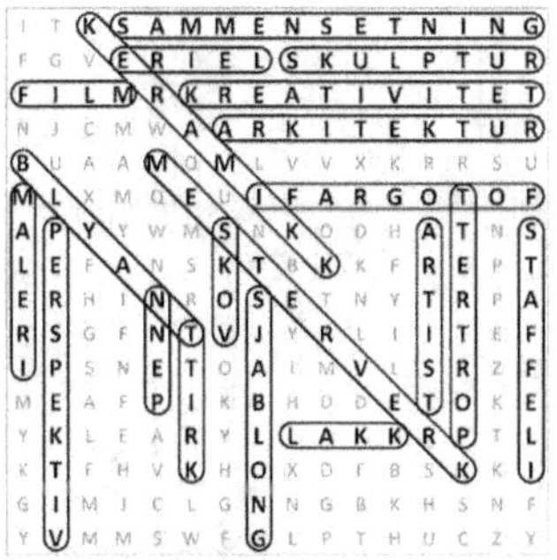

37 - Moda

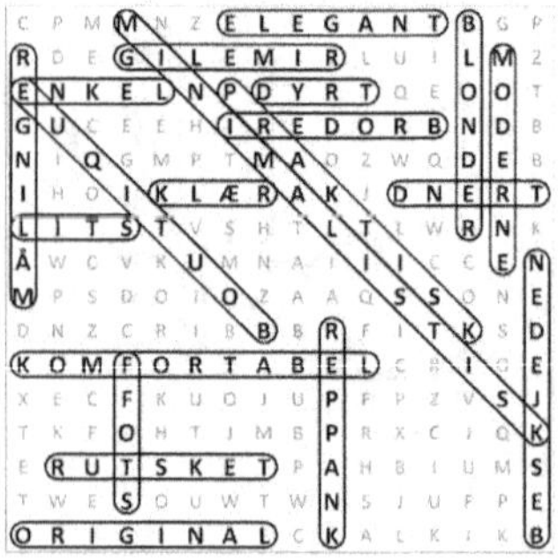

38 - Instrumentos Musicais

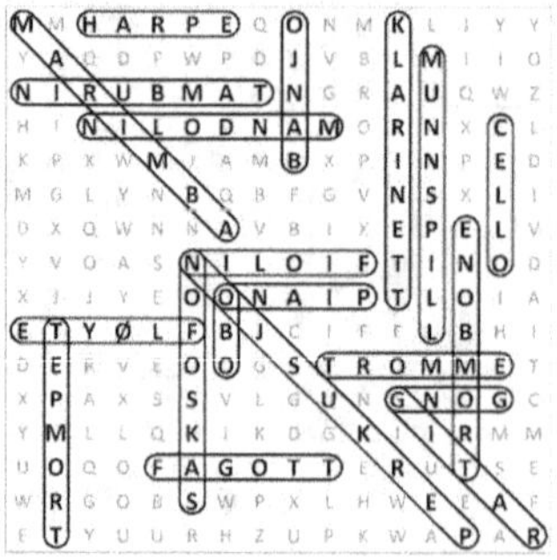

39 - Adjetivos #2

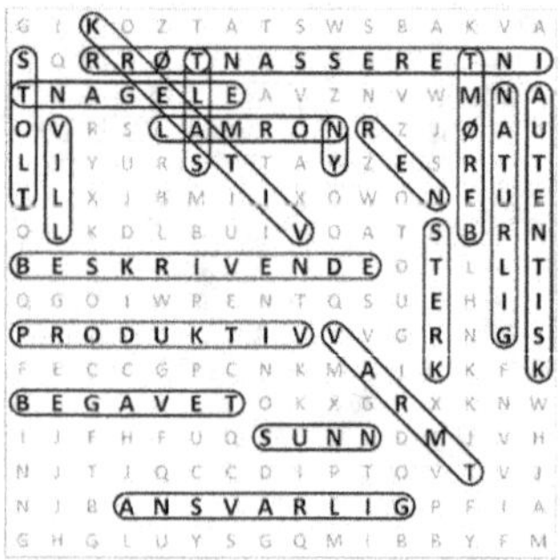

40 - Roupas

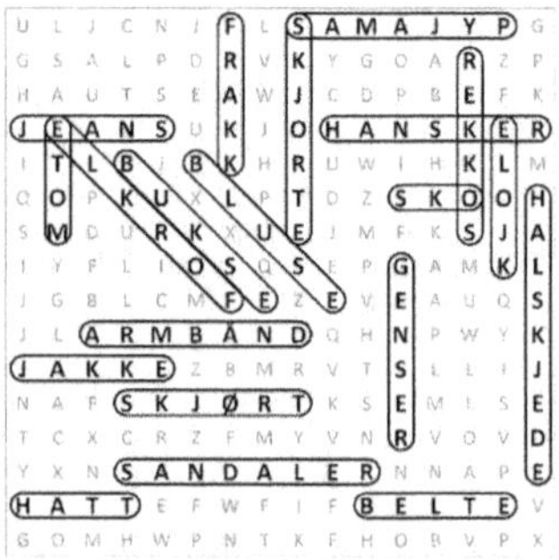

41 - Herbalismo

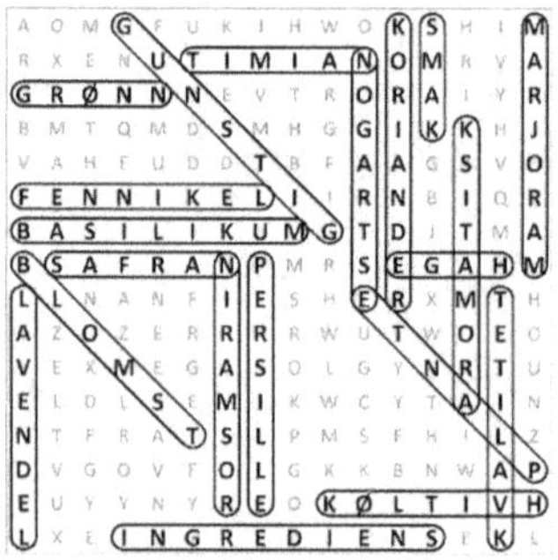

42 - Arqueologia

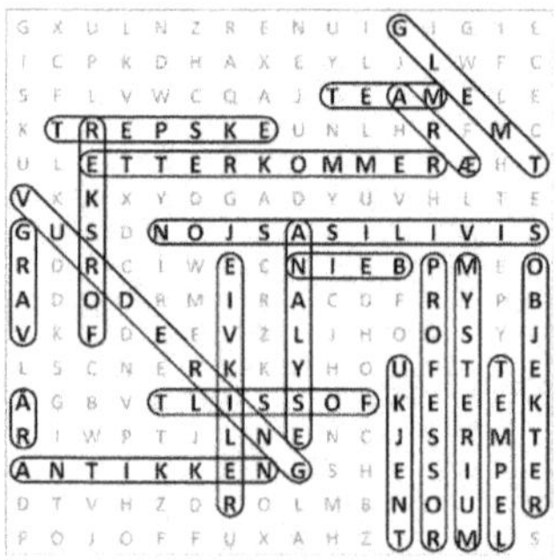

43 - Esporte

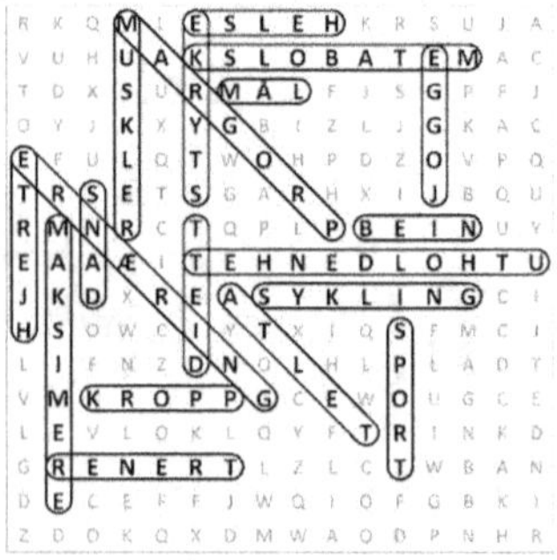

44 - Agronomia

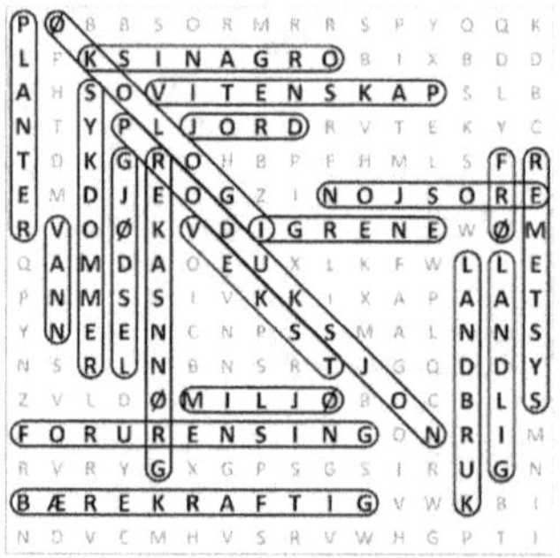

45 - Frutas

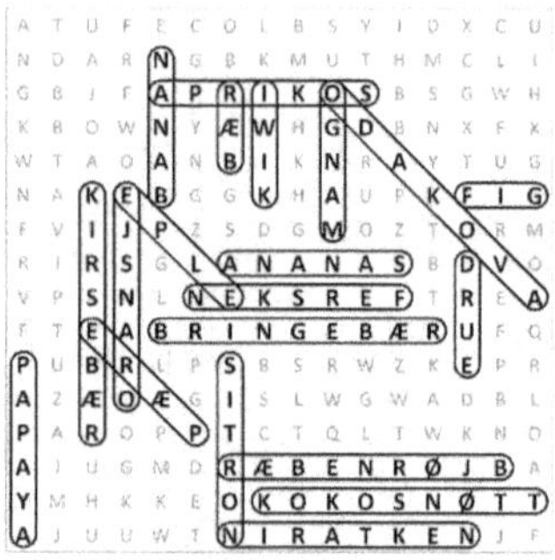

46 - Corpo Humano

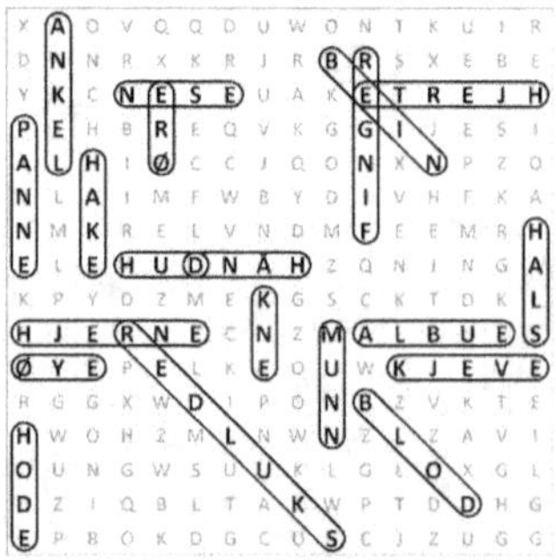

47 - Caminhada

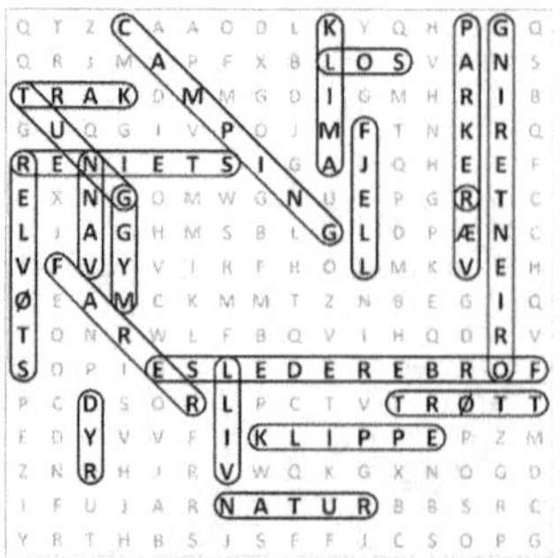

48 - Biologia

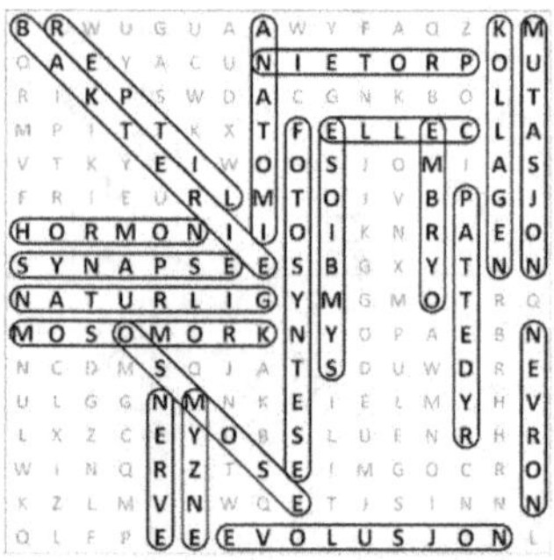

49 - Beleza

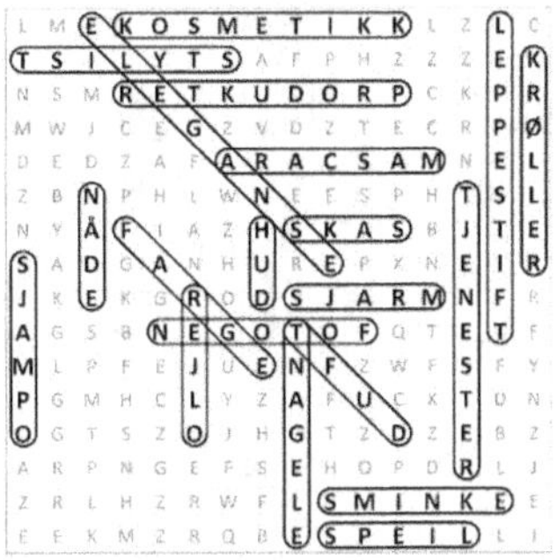

50 - Filantropia

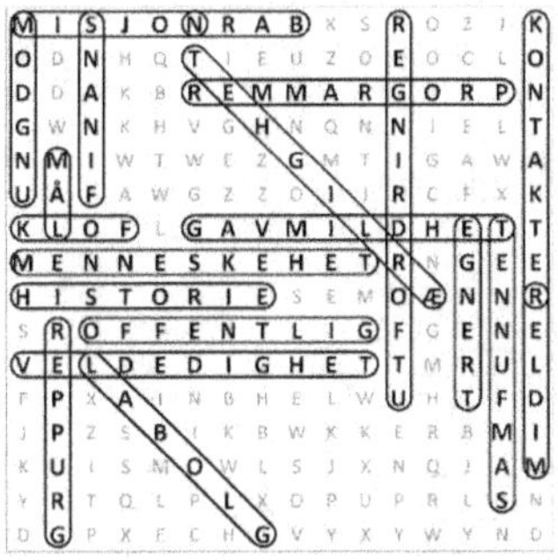

51 - Ecologia

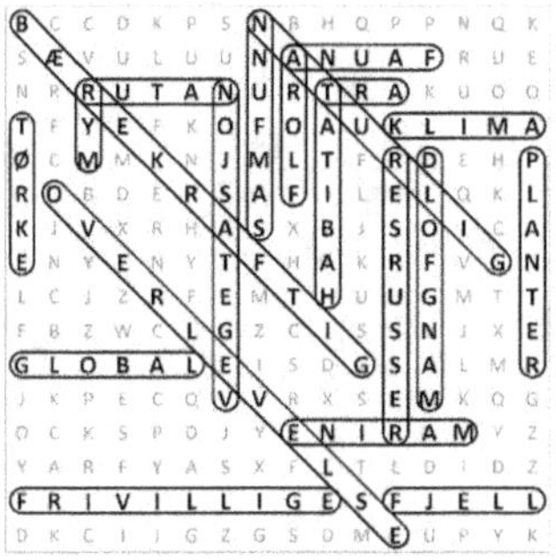

52 - Família

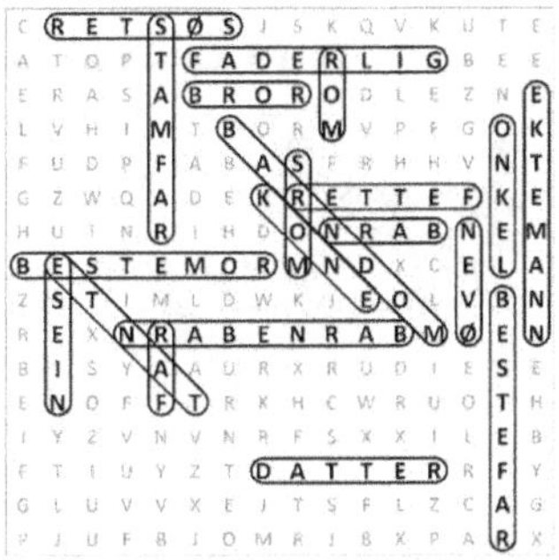

53 - Férias #2

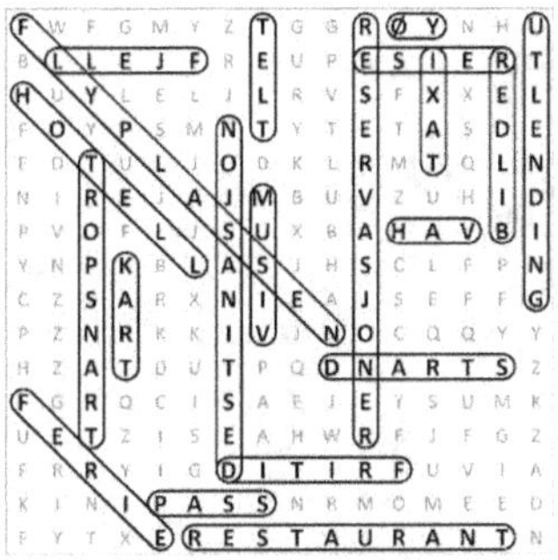

54 - Edifícios

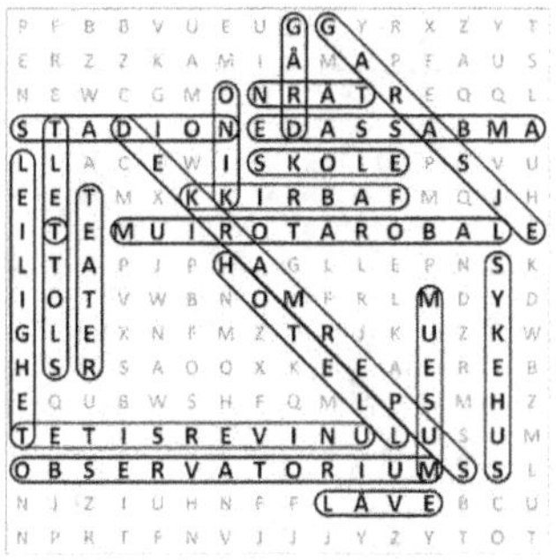

55 - Aventura

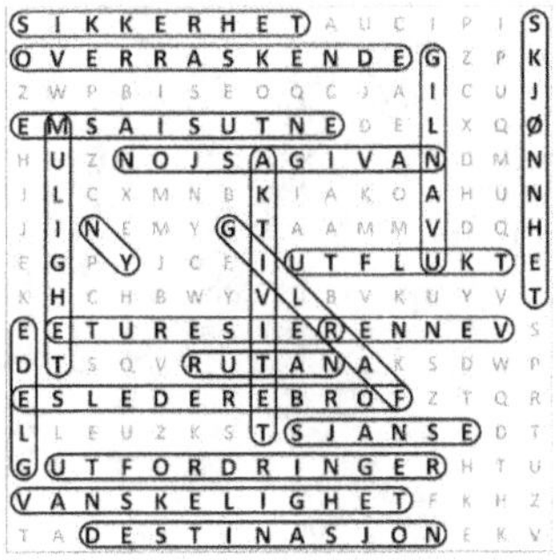

56 - Floresta Tropical

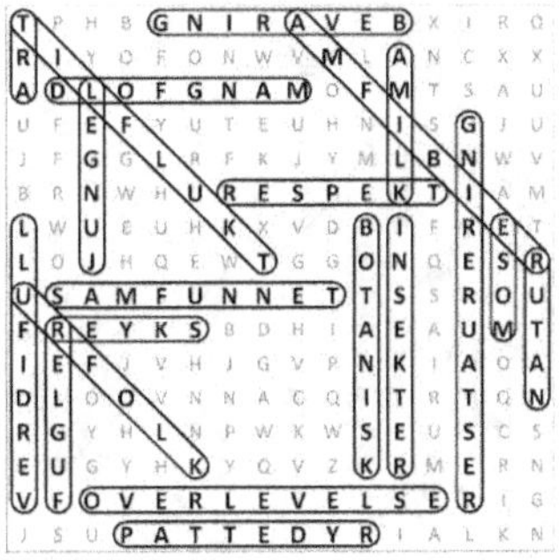

57 - Cidade

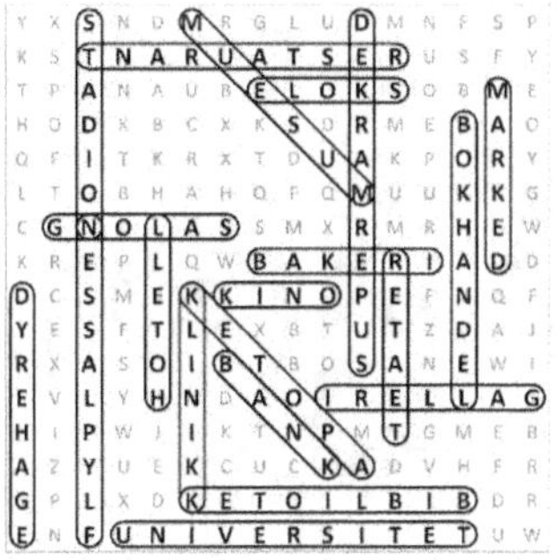

58 - Música

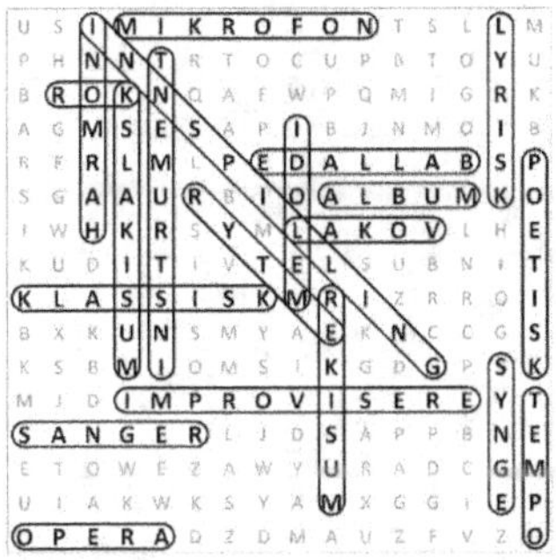

59 - Matemática

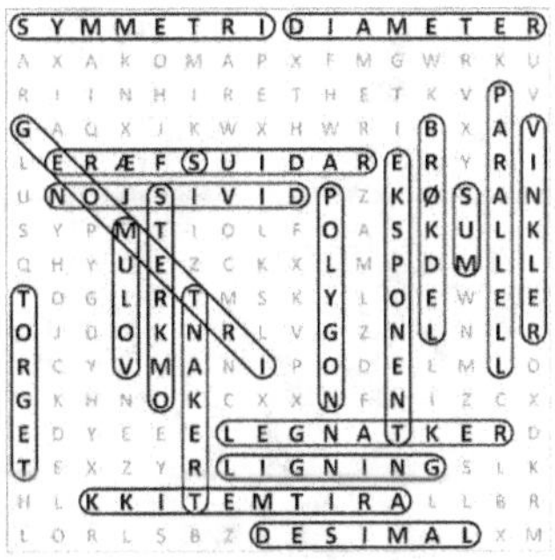

60 - Saúde e Bem Estar #1

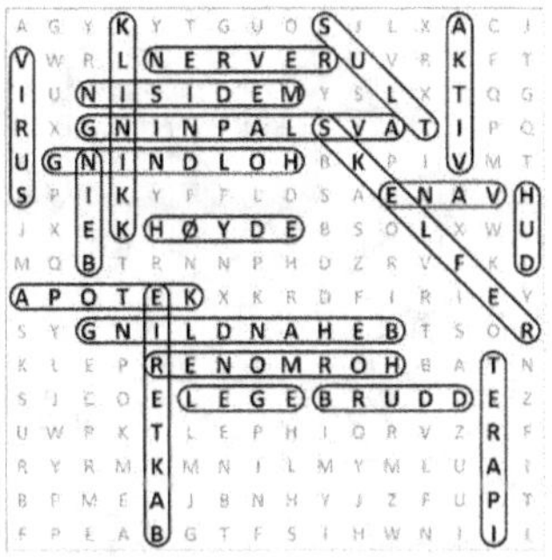

61 - Natureza

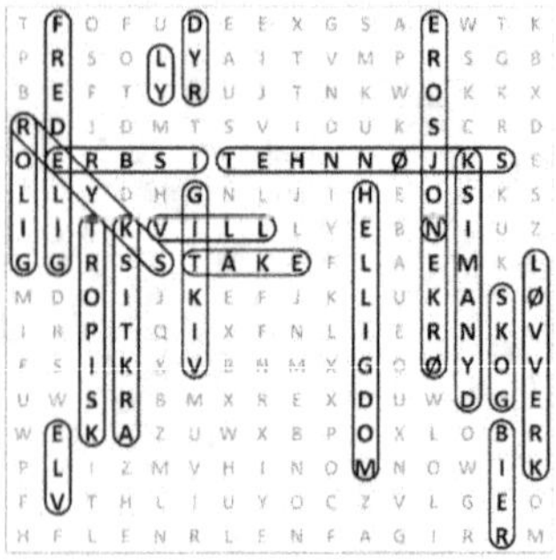

62 - A Empresa

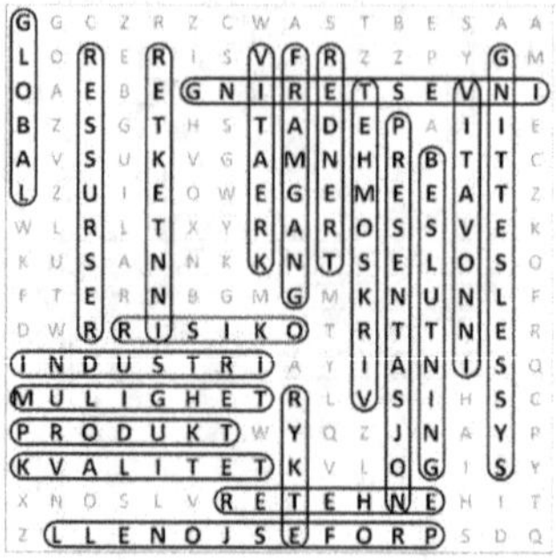

63 - Doença

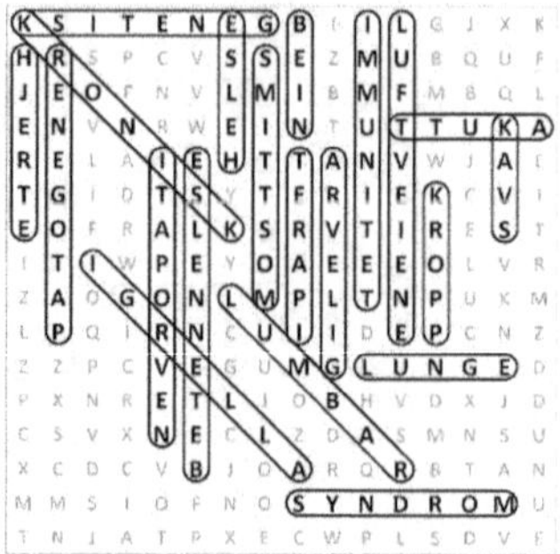

64 - Aquecimento Global

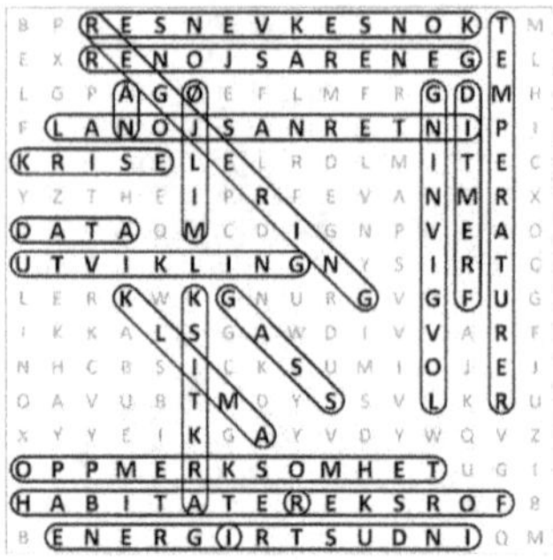

65 - Aviões

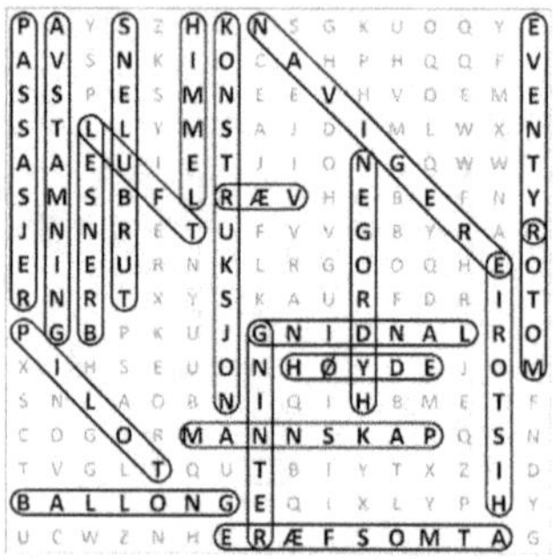

66 - Tipos de Cabelo

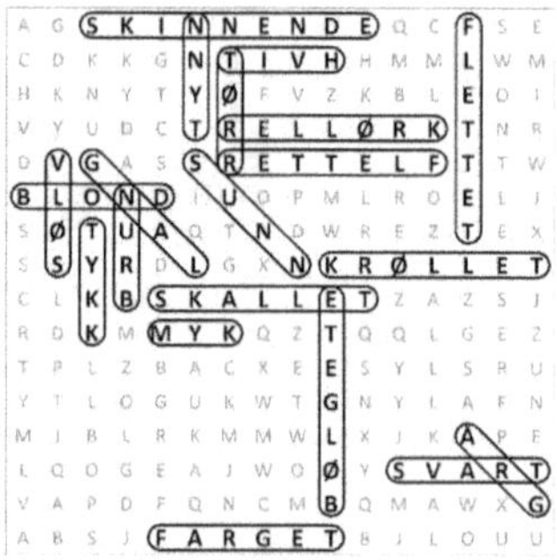

67 - Formas

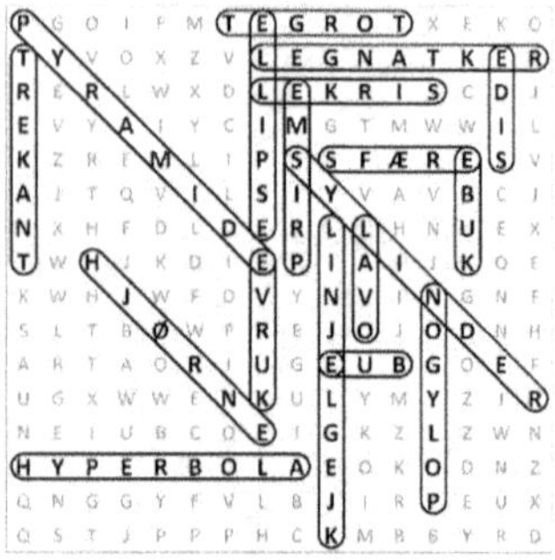

68 - Criatividade

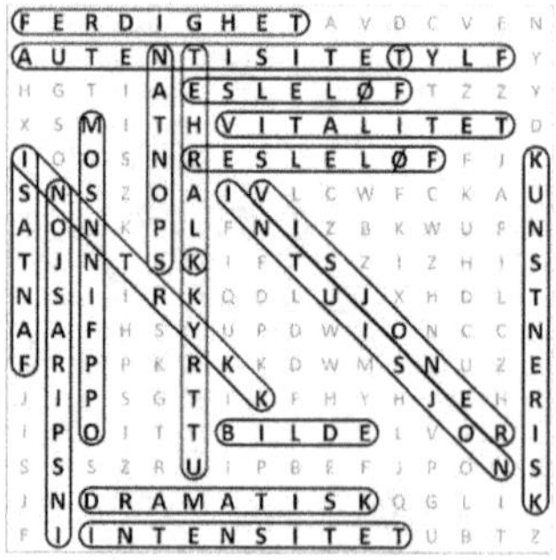

69 - Dias e Meses

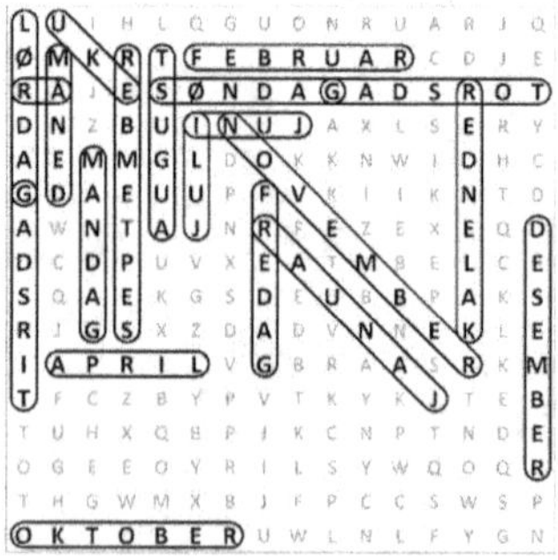

70 - Saúde e Bem Estar #2

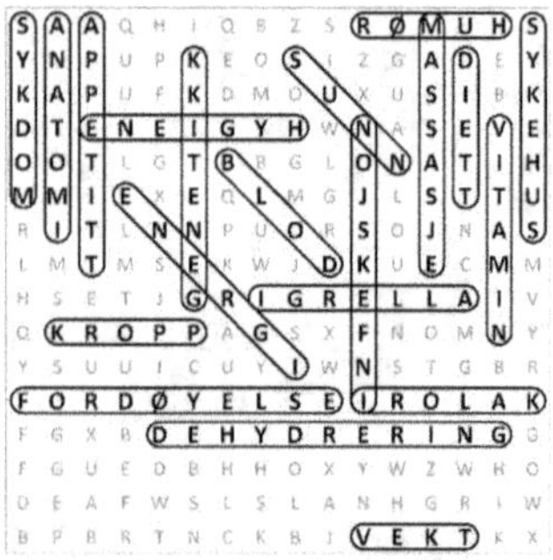

71 - Geografia

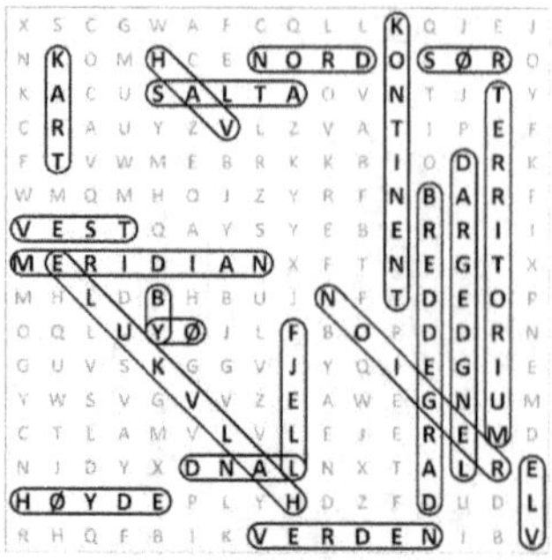

72 - Antártica

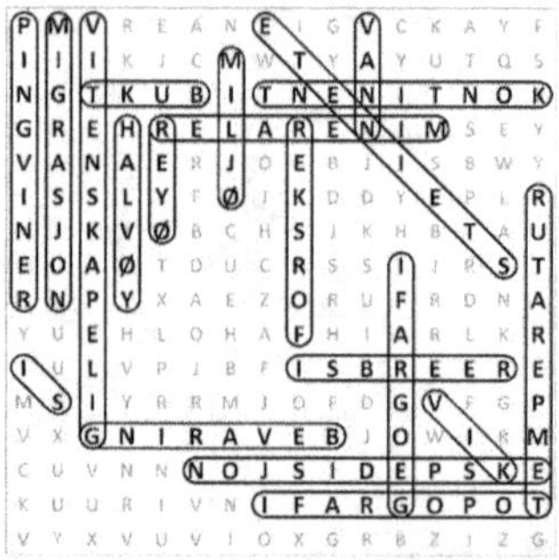

73 - Flores

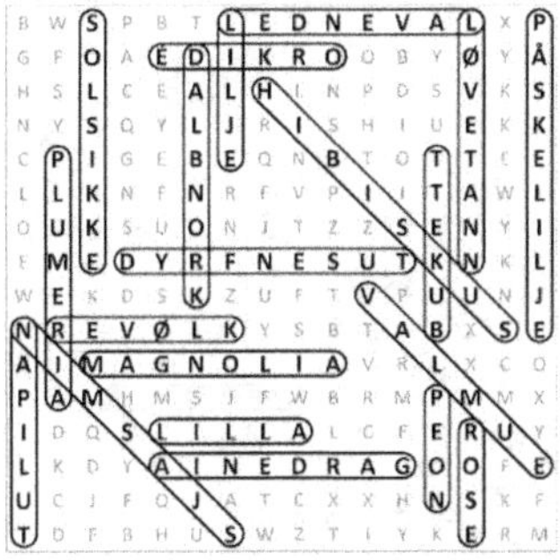

74 - Fazenda #1

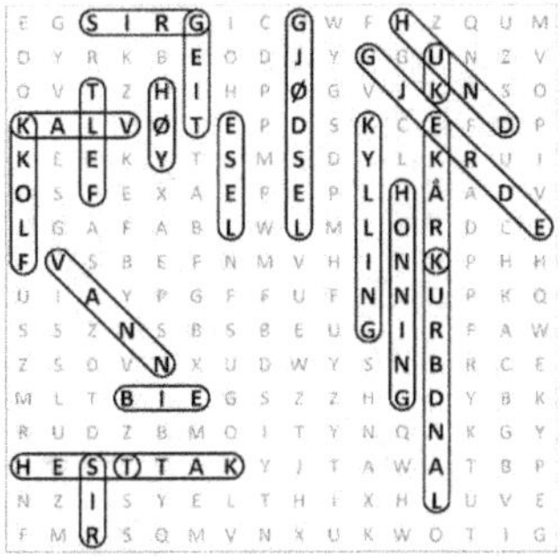

75 - Livros

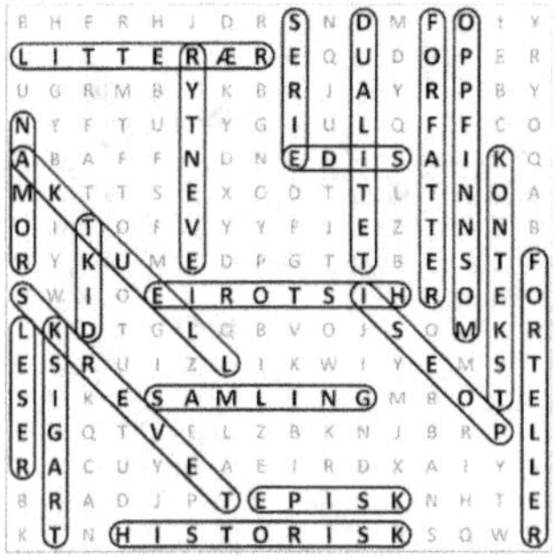

76 - Governo

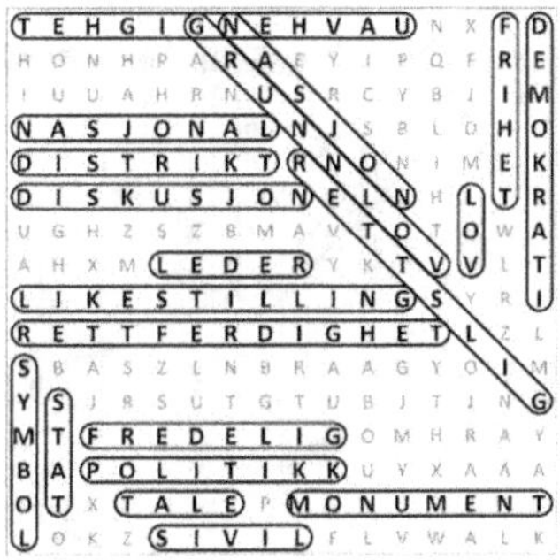

77 - Jardinagem

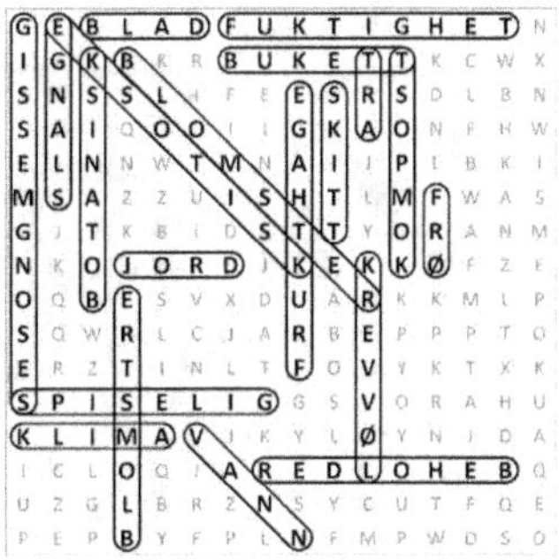

78 - Profissões #2

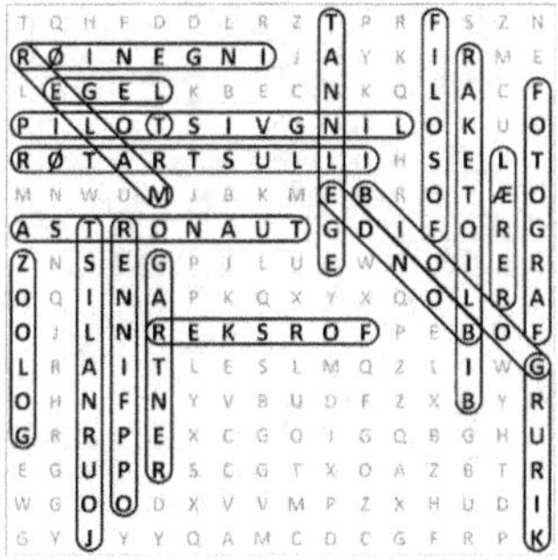

79 - Negócios

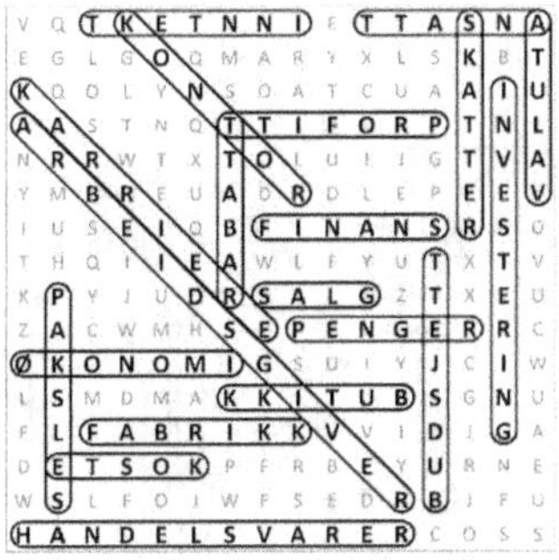

80 - Fazenda #2

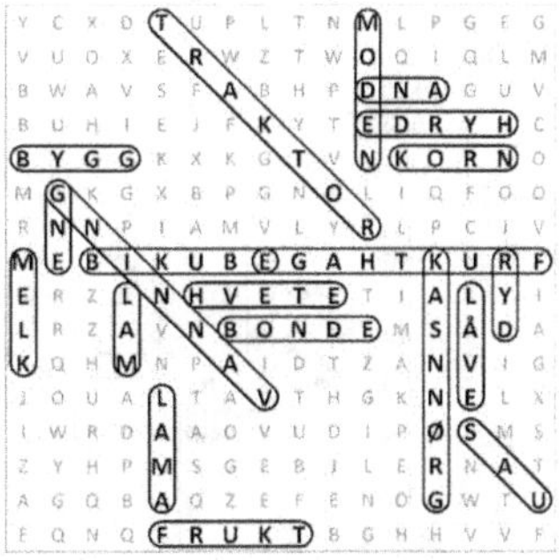

81 - Jardim

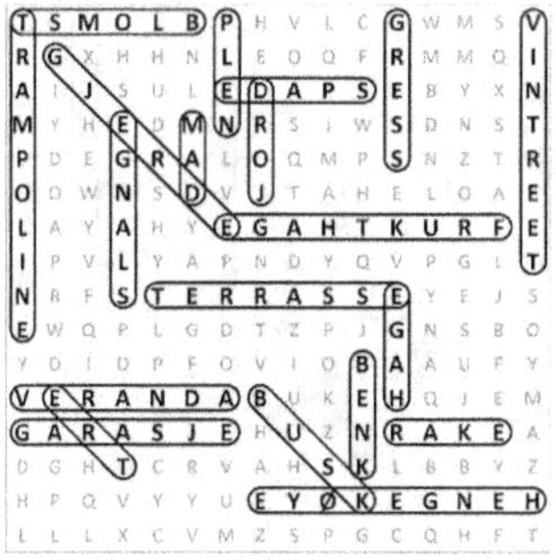

82 - Oceano

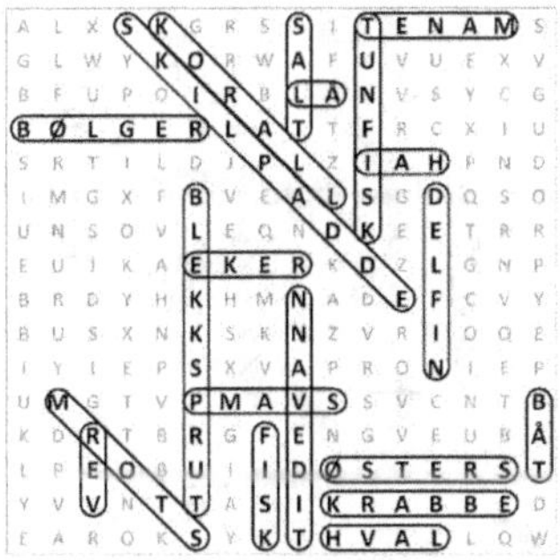

83 - Profissões #1

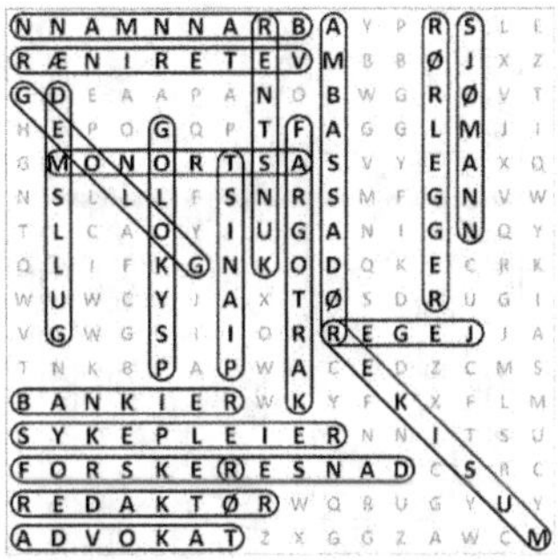

84 - Força e Gravidade

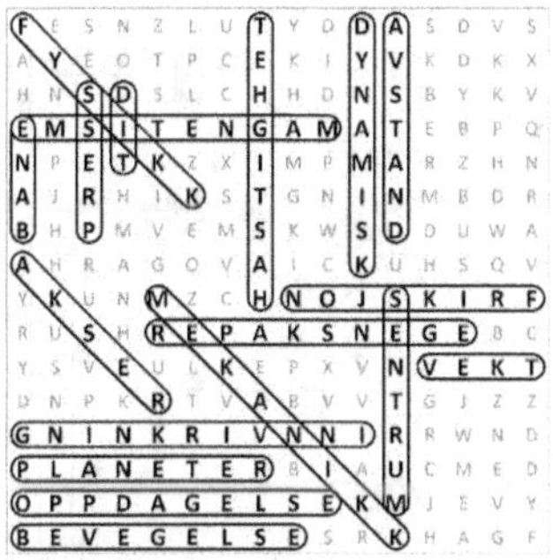

85 - Abelhas

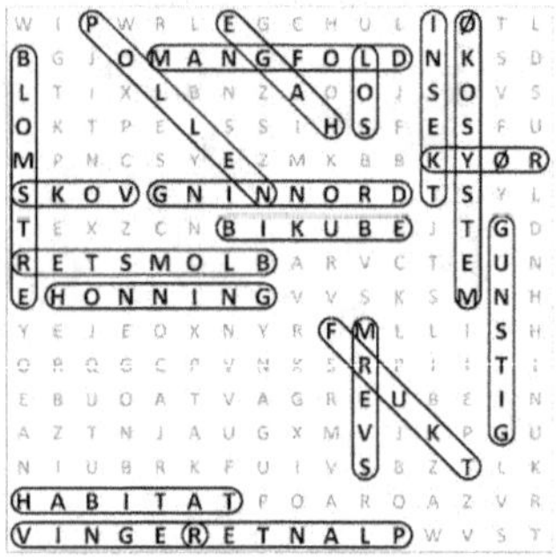

86 - Ciência

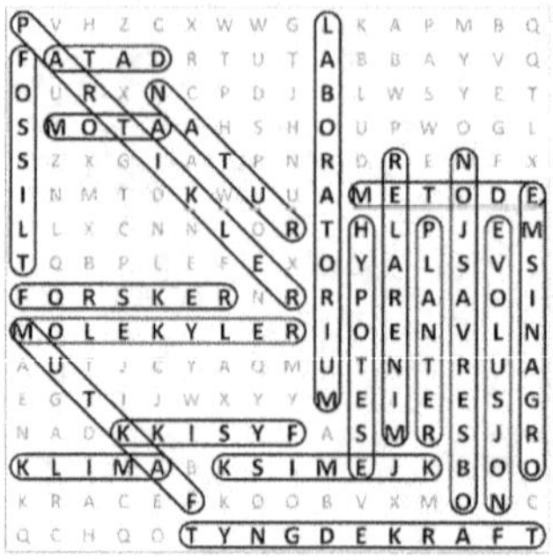

87 - Comida #1

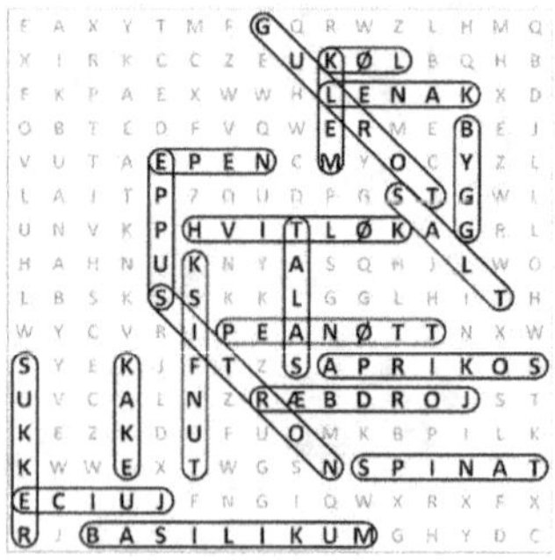

88 - Geometria

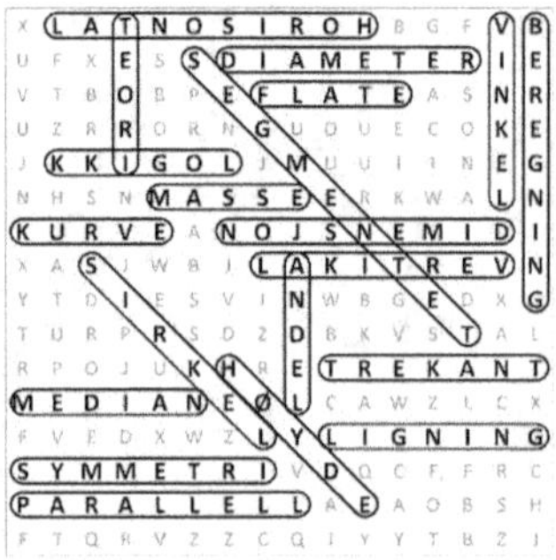

89 - Pássaros

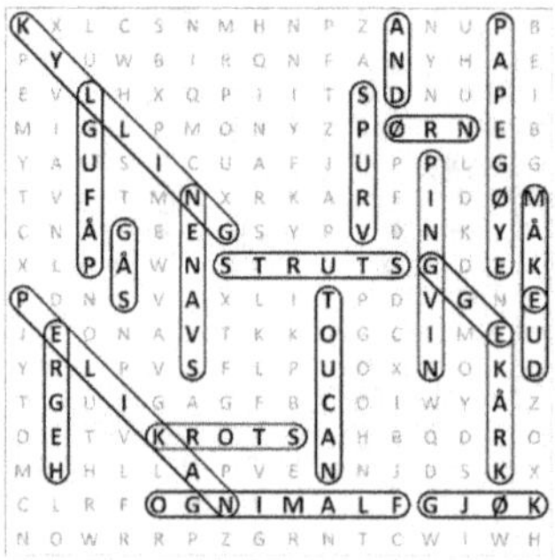

90 - Literatura

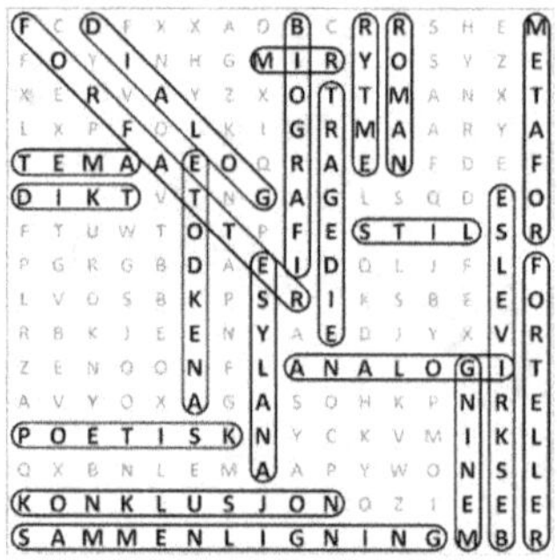

91 - Química

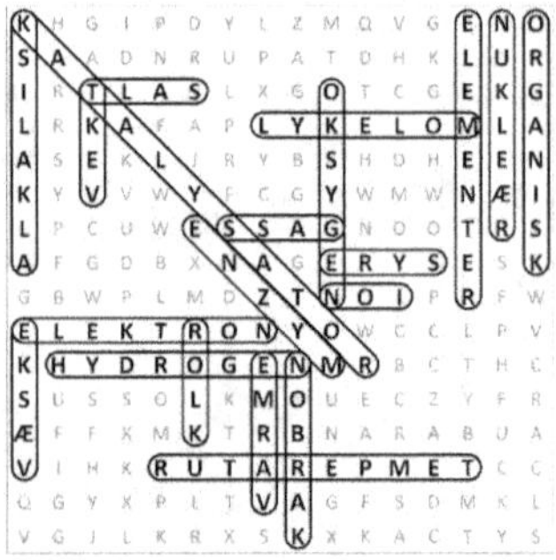

92 - Clima

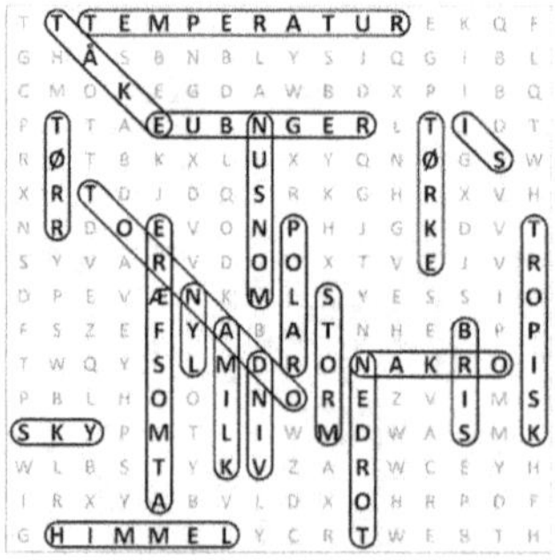

93 - Tecnologia

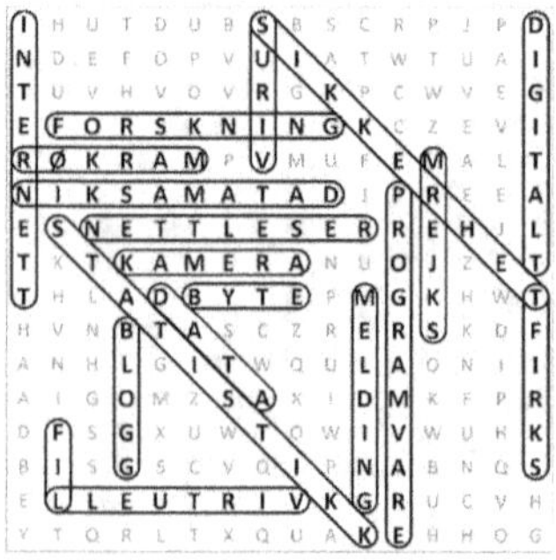

94 - Arte

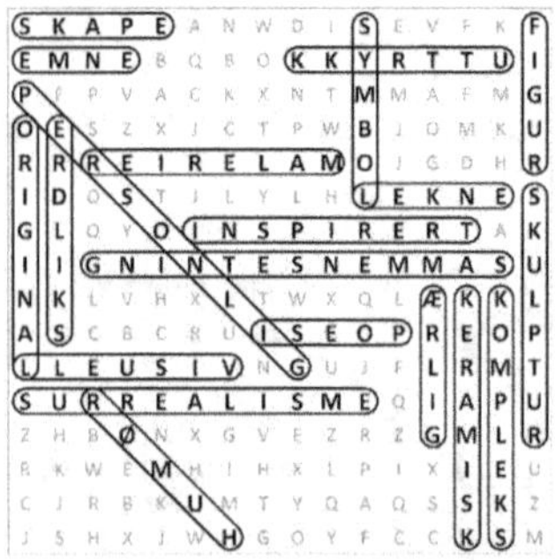

95 - Diplomacia

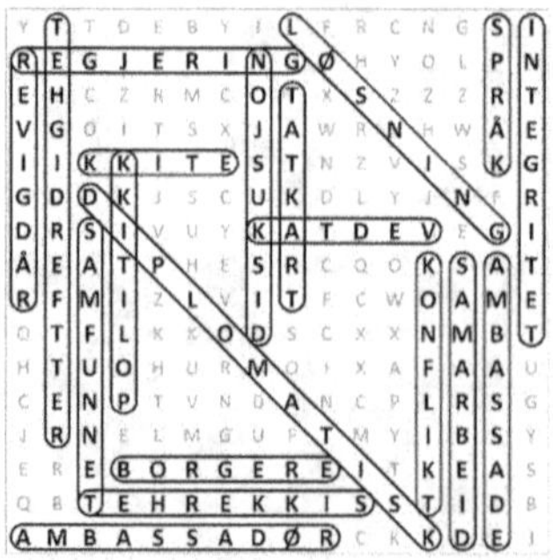

96 - Comida # 2

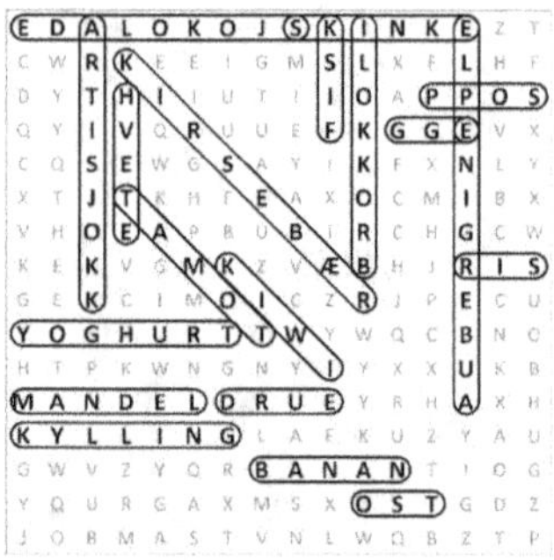

97 - Universo

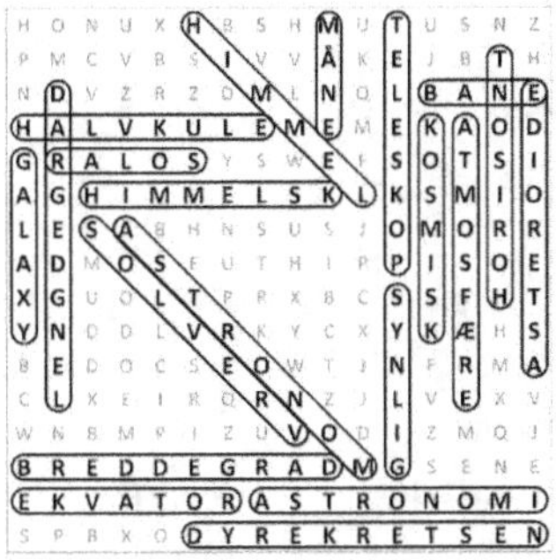

98 - Jazz

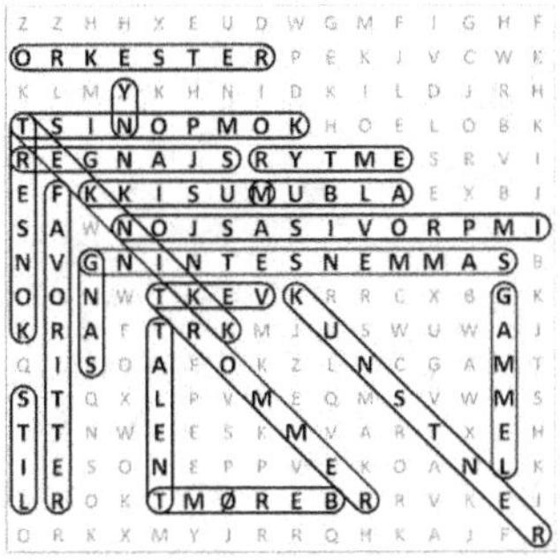

99 - Barcos

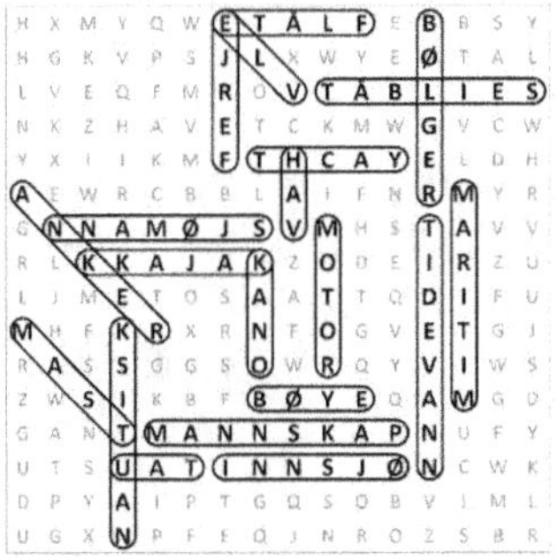

100 - Mamíferos

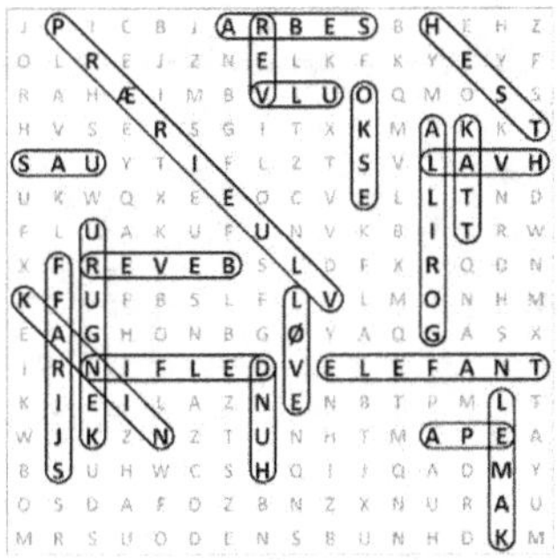

Dicionário

A Empresa
Selskapet

Apresentação	Presentasjon
Criativo	Kreativ
Decisão	Beslutning
Emprego	Sysselsetting
Global	Global
Indústria	Industri
Inovador	Innovativ
Investimento	Investering
Negócio	Virksomhet
Possibilidade	Mulighet
Produto	Produkt
Profissional	Profesjonell
Progresso	Framgang
Qualidade	Kvalitet
Receita	Inntekter
Recursos	Ressurser
Reputação	Rykte
Riscos	Risiko
Tendências	Trender
Unidades	Enheter

A Mídia
Mediene

Atitudes	Holdninger
Comercial	Kommersiell
Comunicação	Kommunikasjon
Digital	Digitalt
Edição	Utgave
Educação	Utdanning
Fatos	Fakta
Financiamento	Finansiering
Fotos	Bilder
Individual	Individ
Indústria	Industri
Intelectual	Intellektuell
Jornais	Aviser
Local	Lokal
Online	Online
Opinião	Mening
Público	Offentlig
Rádio	Radio
Rede	Nettverk
Televisão	Tv

Abelhas
Bier

Asas	Vinger
Benéfico	Gunstig
Cera	Voks
Colmeia	Bikube
Diversidade	Mangfold
Ecossistema	Økosystem
Enxame	Sverm
Flor	Blomstre
Flores	Blomster
Fruta	Frukt
Fumaça	Røyk
Habitat	Habitat
Inseto	Insekt
Jardim	Hage
Mel	Honning
Plantas	Planter
Pólen	Pollen
Rainha	Dronning
Sol	Sol

Acampamento
Camping

Animais	Dyr
Aventura	Eventyr
Árvores	Trær
Bússola	Kompass
Cabine	Hytte
Caça	Jakt
Canoa	Kano
Chapéu	Hatt
Corda	Tau
Equipamento	Utstyr
Floresta	Skog
Fogo	Brann
Inseto	Insekt
Lago	Innsjø
Lua	Måne
Maca	Hengekøye
Mapa	Kart
Montanha	Fjell
Natureza	Natur
Tenda	Telt

Adjetivos #1
Adjektiver #1

Absoluto	Absolutt
Aromático	Aromatisk
Artístico	Kunstnerisk
Atraente	Attraktiv
Enorme	Enorm
Escuro	Mørk
Exótico	Eksotisk
Fino	Tynn
Generoso	Sjenerøs
Grande	Stor
Honesto	Ærlig
Idêntico	Identisk
Importante	Viktig
Lento	Langsom
Misterioso	Mystisk
Moderno	Moderne
Perfeito	Perfekt
Pesado	Tung
Sério	Seriøs
Valioso	Verdifull

Adjetivos #2
Adjektiver #2

Autêntico	Autentisk
Criativo	Kreativ
Descritivo	Beskrivende
Dotado	Begavet
Elegante	Elegant
Famoso	Berømt
Forte	Sterk
Interessante	Interessant
Natural	Naturlig
Normal	Normal
Novo	Ny
Orgulhoso	Stolt
Produtivo	Produktiv
Puro	Ren
Quente	Varmt
Responsável	Ansvarlig
Salgado	Salt
Saudável	Sunn
Seco	Tørr
Selvagem	Vill

Agronomia
Agronomi

Agricultura	Landbruk
Ambiente	Miljø
Água	Vann
Ciência	Vitenskap
Crescimento	Vekst
Doenças	Sykdommer
Ecologia	Økologi
Energia	Energi
Erosão	Erosjon
Fertilizante	Gjødsel
Legumes	Grønnsaker
Orgânico	Organisk
Plantas	Planter
Poluição	Forurensing
Produção	Produksjon
Rural	Landlig
Sementes	Frø
Sistemas	Systemer
Solo	Jord
Sustentável	Bærekraftig

Antártica
Antarktis

Ambiente	Miljø
Água	Vann
Baía	Bukt
Científico	Vitenskapelig
Conservação	Bevaring
Continente	Kontinent
Enseada	Vik
Expedição	Ekspedisjon
Geleiras	Isbreer
Gelo	Is
Geografia	Geografi
Ilhas	Øyer
Investigador	Forsker
Migração	Migrasjon
Minerais	Mineraler
Península	Halvøy
Pinguins	Pingviner
Rochoso	Steinete
Temperatura	Temperatur
Topografia	Topografi

Antiguidades
Antikviteter

Arte	Kunst
Autêntico	Autentisk
Coletor	Samler
Decorativo	Dekorativ
Elegante	Elegant
Entusiasta	Entusiast
Escultura	Skulptur
Estilo	Stil
Galeria	Galleri
Incomum	Uvanlig
Investimento	Investering
Leilão	Auksjon
Mobiliário	Møbler
Moedas	Mynter
Preço	Pris
Qualidade	Kvalitet
Restauração	Restaurering
Século	Århundre
Valor	Verdi
Velho	Gammel

Aquecimento Global
Global Oppvarming

Agora	Nå
Ambiental	Miljø
Atenção	Oppmerksomhet
Ártico	Arktisk
Cientista	Forsker
Clima	Klima
Consequências	Konsekvenser
Crise	Krise
Dados	Data
Desenvolvimento	Utvikling
Energia	Energi
Futuro	Fremtid
Gás	Gass
Gerações	Generasjoner
Governo	Regjering
Habitats	Habitater
Indústria	Industri
Internacional	Internasjonal
Legislação	Lovgivning
Temperaturas	Temperaturer

Arqueologia
Arkeologi

Análise	Analyse
Anos	År
Antiguidade	Antikken
Avaliação	Vurdering
Civilização	Sivilisasjon
Descendente	Etterkommer
Desconhecido	Ukjent
Equipe	Team
Era	Æra
Especialista	Ekspert
Esquecido	Glemt
Fóssil	Fossilt
Investigador	Forsker
Mistério	Mysterium
Objetos	Objekter
Ossos	Bein
Professor	Professor
Relíquia	Relikvie
Templo	Tempel
Túmulo	Grav

Arte
Kunst

Cerâmica	Keramisk
Complexo	Kompleks
Composição	Sammensetning
Criar	Skape
Escultura	Skulptur
Expressão	Uttrykk
Figura	Figur
Honesto	Ærlig
Humor	Humør
Inspirado	Inspirert
Original	Original
Pessoal	Personlig
Pinturas	Malerier
Poesia	Poesi
Retratar	Skildre
Simples	Enkel
Símbolo	Symbol
Sujeito	Emne
Surrealismo	Surrealisme
Visual	Visuell

Artes Visuais
Bildende Kunst

Argila	Leire
Arquitetura	Arkitektur
Artista	Artist
Caneta	Penn
Cavalete	Staffeli
Cera	Voks
Cerâmica	Keramikk
Composição	Sammensetning
Criatividade	Kreativitet
Escultura	Skulptur
Estêncil	Sjablong
Filme	Film
Fotografia	Fotografi
Giz	Kritt
Lápis	Blyant
Obra-Prima	Mesterverk
Perspectiva	Perspektiv
Pintura	Maleri
Retrato	Portrett
Verniz	Lakk

Astronomia
Astronomi

Asteróide	Asteroide
Astronauta	Astronaut
Astrônomo	Astronom
Céu	Himmel
Constelação	Konstellasjon
Cosmos	Kosmos
Eclipse	Formørkelse
Equinócio	Equinox
Foguete	Rakett
Gravidade	Tyngdekraft
Lua	Måne
Meteoro	Meteor
Nebulosa	Stjernetåke
Observatório	Observatorium
Planeta	Planet
Radiação	Stråling
Solar	Solar
Supernova	Supernova
Terra	Jord
Universo	Univers

Aventura
Eventyr

Alegria	Glede
Amigos	Venner
Atividade	Aktivitet
Beleza	Skjønnhet
Chance	Sjanse
Desafios	Utfordringer
Destino	Destinasjon
Dificuldade	Vanskelighet
Entusiasmo	Entusiasme
Excursão	Utflukt
Incomum	Uvanlig
Itinerário	Reiserute
Natureza	Natur
Navegação	Navigasjon
Novo	Ny
Oportunidade	Mulighet
Perigoso	Farlig
Preparação	Forberedelse
Segurança	Sikkerhet
Surpreendente	Overraskende

Aviões
Fly

Altura	Høyde
Ar	Luft
Aterrissagem	Landing
Atmosfera	Atmosfære
Aventura	Eventyr
Balão	Ballong
Céu	Himmel
Combustível	Brensel
Construção	Konstruksjon
Descida	Avstamning
Direção	Retning
Hidrogênio	Hydrogen
História	Historie
Motor	Motor
Navegar	Navigere
Passageiro	Passasjer
Piloto	Pilot
Tempo	Vær
Tripulação	Mannskap
Turbulência	Turbulens

Álgebra
Algebra

Diagrama	Diagram
Equação	Ligning
Expoente	Eksponent
Falso	Falsk
Fator	Faktor
Fórmula	Formel
Fração	Brøkdel
Infinito	Uendelig
Linear	Lineær
Matriz	Matrise
Número	Nummer
Parêntese	Parentes
Problema	Problem
Quantidade	Mengde
Simplificar	Forenkle
Solução	Løsning
Soma	Sum
Subtração	Subtraksjon
Variável	Variabel
Zero	Null

Balé
Ballett

Aplauso	Applaus
Artístico	Kunstnerisk
Bailarina	Ballerina
Compositor	Komponist
Coreografia	Koreografi
Dançarinos	Dansere
Ensaio	Øving
Estilo	Stil
Expressivo	Uttrykksfull
Gesto	Gest
Gracioso	Grasiøs
Habilidade	Ferdighet
Intensidade	Intensitet
Música	Musikk
Orquestra	Orkester
Prática	Praksis
Público	Publikum
Ritmo	Rytme
Solo	Solo
Técnica	Teknikk

Barcos
Båter

Âncora	Anker
Balsa	Ferje
Bóia	Bøye
Caiaque	Kajakk
Canoa	Kano
Corda	Tau
Iate	Yacht
Jangada	Flåte
Lago	Innsjø
Mar	Hav
Maré	Tidevann
Marinheiro	Sjømann
Marítimo	Maritim
Mastro	Mast
Motor	Motor
Náutico	Nautisk
Ondas	Bølger
Rio	Elv
Tripulação	Mannskap
Veleiro	Seilbåt

Beleza
Skjønnhet

Batom	Leppestift
Cachos	Krøller
Charme	Sjarm
Cor	Farge
Cosméticos	Kosmetikk
Elegante	Elegant
Elegância	Eleganse
Espelho	Speil
Estilista	Stylist
Fotogênico	Fotogen
Fragrância	Duft
Graça	Nåde
Maquiagem	Sminke
Óleos	Oljer
Pele	Hud
Produtos	Produkter
Rímel	Mascara
Serviços	Tjenester
Tesoura	Saks
Xampu	Sjampo

Biologia
Biologi

Anatomia	Anatomi
Bactérias	Bakterie
Célula	Celle
Colagénio	Kollagen
Cromossoma	Kromosom
Embrião	Embryo
Enzima	Enzym
Evolução	Evolusjon
Fotossíntese	Fotosyntese
Hormona	Hormon
Mamífero	Pattedyr
Mutação	Mutasjon
Natural	Naturlig
Nervo	Nerve
Neurônio	Nevron
Osmose	Osmose
Proteína	Protein
Réptil	Reptil
Simbiose	Symbiose
Sinapse	Synapse

Caminhada
Vandring

Acampamento	Camping
Animais	Dyr
Água	Vann
Botas	Støvler
Cansado	Trøtt
Clima	Klima
Mapa	Kart
Montanha	Fjell
Mosquitos	Mygg
Natureza	Natur
Orientação	Orientering
Parques	Parker
Pedras	Steiner
Penhasco	Klippe
Perigos	Farer
Pesado	Tung
Preparação	Forberedelse
Selvagem	Vill
Sol	Sol
Tempo	Vær

Casa
Hus

Biblioteca	Bibliotek
Cerca	Gjerde
Chaminé	Skorstein
Chaves	Nøkler
Chuveiro	Dusj
Cortinas	Gardiner
Cozinha	Kjøkken
Espelho	Speil
Garagem	Garasje
Janela	Vindu
Jardim	Hage
Lareira	Peis
Mobiliário	Møbler
Parede	Vegg
Porta	Dør
Quarto	Rom
Sótão	Loft
Tapete	Teppe
Torneira	Kran
Vassoura	Kost

Churrascos
Grilling

Almoço	Lunsj
Convite	Invitasjon
Crianças	Barn
Facas	Kniver
Família	Familie
Fome	Sult
Frango	Kylling
Fruta	Frukt
Grelha	Grille
Jantar	Middag
Jogos	Spill
Legumes	Grønnsaker
Molho	Saus
Música	Musikk
Pimenta	Pepper
Quente	Varmt
Sal	Salt
Saladas	Salater
Tomates	Tomater
Verão	Sommer

Cidade
Byen

Aeroporto	Flyplassen
Banco	Bank
Biblioteca	Bibliotek
Cinema	Kino
Clínica	Klinikk
Escola	Skole
Estádio	Stadion
Farmácia	Apotek
Galeria	Galleri
Hotel	Hotell
Jardim Zoológico	Dyrehage
Livraria	Bokhandel
Mercado	Marked
Museu	Museum
Padaria	Bakeri
Restaurante	Restaurant
Salão	Salong
Supermercado	Supermarked
Teatro	Teater
Universidade	Universitet

Ciência
Vitenskap

Átomo	Atom
Cientista	Forsker
Clima	Klima
Dados	Data
Evolução	Evolusjon
Fato	Faktum
Física	Fysikk
Fóssil	Fossilt
Gravidade	Tyngdekraft
Hipótese	Hypotese
Laboratório	Laboratorium
Método	Metode
Minerais	Mineraler
Moléculas	Molekyler
Natureza	Natur
Observação	Observasjon
Organismo	Organisme
Partículas	Partikler
Plantas	Planter
Químico	Kjemisk

Clima
Været

Arco-Íris	Regnbue
Atmosfera	Atmosfære
Brisa	Bris
Céu	Himmel
Clima	Klima
Furacão	Orkan
Gelo	Is
Monção	Monsun
Nevoeiro	Tåke
Nuvem	Sky
Polar	Polar
Relâmpago	Lyn
Seca	Tørke
Seco	Tørr
Temperatura	Temperatur
Tempestade	Storm
Tornado	Tornado
Tropical	Tropisk
Trovão	Torden
Vento	Vind

Comida # 2
Mat #2

Alcachofra	Artisjokk
Amêndoa	Mandel
Arroz	Ris
Banana	Banan
Beringela	Aubergine
Brócolis	Brokkoli
Cereja	Kirsebær
Chocolate	Sjokolade
Cogumelo	Sopp
Frango	Kylling
Iogurte	Yoghurt
Kiwi	Kiwi
Maçã	Eple
Ovo	Egg
Peixe	Fisk
Presunto	Skinke
Queijo	Ost
Tomate	Tomat
Trigo	Hvete
Uva	Drue

Comida #1
Mat #1

Açúcar	Sukker
Alho	Hvitløk
Amendoim	Peanøtt
Atum	Tunfisk
Bolo	Kake
Canela	Kanel
Cebola	Løk
Cenoura	Gulrot
Cevada	Bygg
Damasco	Aprikos
Espinafre	Spinat
Leite	Melk
Limão	Sitron
Manjericão	Basilikum
Morango	Jordbær
Nabo	Nepe
Sal	Salt
Salada	Salat
Sopa	Suppe
Suco	Juice

Corpo Humano
Menneskekroppen

Boca	Munn
Cabeça	Hode
Cérebro	Hjerne
Coração	Hjerte
Cotovelo	Albue
Dedo	Finger
Joelho	Kne
Mandíbula	Kjeve
Mão	Hånd
Nariz	Nese
Olho	Øye
Ombro	Skulder
Orelha	Øre
Pele	Hud
Perna	Bein
Pescoço	Hals
Queixo	Hake
Sangue	Blod
Testa	Panne
Tornozelo	Ankel

Cozinha
Kjøkken

Avental	Forkle
Chaleira	Kjele
Colheres	Skjeer
Concha	Øse
Cups	Kopper
Especiarias	Krydder
Esponja	Svamp
Facas	Kniver
Forno	Ovn
Freezer	Fryser
Garfos	Gafler
Geladeira	Kjøleskap
Grelha	Grille
Guardanapo	Serviett
Jar	Krukke
Jarro	Mugge
Pauzinhos	Spisepinner
Receita	Oppskrift
Tigela	Bolle

Criatividade
Kreativitet

Artístico	Kunstnerisk
Autenticidade	Autentisitet
Clareza	Klarhet
Dramático	Dramatisk
Emoções	Følelser
Espontânea	Spontan
Expressão	Uttrykk
Fluidez	Flyt
Habilidade	Ferdighet
Imagem	Bilde
Imaginação	Fantasi
Impressão	Inntrykk
Inspiração	Inspirasjon
Intensidade	Intensitet
Intuição	Intuisjon
Inventivo	Oppfinnsom
Sensação	Følelse
Visões	Visjoner
Vitalidade	Vitalitet

Dança
Danse

Academia	Akademi
Alegre	Gledelig
Arte	Kunst
Clássico	Klassisk
Coreografia	Koreografi
Corpo	Kropp
Cultura	Kultur
Cultural	Kulturell
Emoção	Følelse
Ensaio	Øving
Expressivo	Uttrykksfull
Graça	Nåde
Movimento	Bevegelse
Música	Musikk
Parceiro	Samboer
Postura	Holdning
Ritmo	Rytme
Saltar	Hoppe
Tradicional	Tradisjonell
Visual	Visuell

Dias e Meses
Dager og Måneder

Abril	April
Agosto	August
Ano	År
Calendário	Kalender
Dezembro	Desember
Domingo	Søndag
Fevereiro	Februar
Janeiro	Januar
Julho	Juli
Junho	Juni
Mês	Måned
Novembro	November
Outubro	Oktober
Quinta-Feira	Torsdag
Sábado	Lørdag
Segunda-Feira	Mandag
Semana	Uke
Setembro	September
Sexta-Feira	Fredag
Terça	Tirsdag

Diplomacia
Diplomati

Cidadãos	Borgere
Comunidade	Samfunnet
Conflito	Konflikt
Consultor	Rådgiver
Cooperação	Samarbeid
Diplomático	Diplomatisk
Discussão	Diskusjon
Embaixada	Ambassade
Embaixador	Ambassadør
Ética	Etikk
Governo	Regjering
Humanitário	Humanitær
Integridade	Integritet
Justiça	Rettferdighet
Línguas	Språk
Política	Politikk
Resolução	Vedtak
Segurança	Sikkerhet
Solução	Løsning
Tratado	Traktat

Dirigindo
Kjøring

Acidente	Ulykke
Carro	Bil
Combustível	Brensel
Cuidado	Forsiktighet
Estrada	Vei
Freios	Bremser
Garagem	Garasje
Gás	Gass
Licença	Lisens
Mapa	Kart
Motocicleta	Motorsykkel
Motor	Motor
Pedestre	Fotgjenger
Perigo	Fare
Polícia	Politi
Rua	Gate
Segurança	Sikkerhet
Transporte	Transport
Tráfego	Trafikk
Túnel	Tunnel

Disciplinas Científicas
Vitenskapelige Disipliner

Anatomia	Anatomi
Arqueologia	Arkeologi
Astronomia	Astronomi
Biologia	Biologi
Bioquímica	Biokjemi
Botânica	Botanikk
Cinesiologia	Kinesiologi
Ecologia	Økologi
Fisiologia	Fysiologi
Geologia	Geologi
Imunologia	Immunologi
Linguística	Lingvistikk
Meteorologia	Meteorologi
Mineralogia	Mineralogi
Neurologia	Nevrologi
Psicologia	Psykologi
Química	Kjemi
Sociologia	Sosiologi
Termodinâmica	Termodynamikk
Zoologia	Zoologi

Doença
Sykdom

Agudo	Akutt
Alergias	Allergi
Contagioso	Smittsom
Coração	Hjerte
Corpo	Kropp
Crônica	Kronisk
Fraco	Svak
Genético	Genetisk
Hereditário	Arvelig
Imunidade	Immunitet
Inflamação	Betennelse
Lombar	Lumbar
Neuropatia	Nevropati
Ossos	Bein
Patógenos	Patogener
Pulmonar	Lunge
Respiratório	Luftveiene
Saúde	Helse
Síndrome	Syndrom
Terapia	Terapi

Ecologia
Økologi

Clima	Klima
Comunidades	Samfunn
Diversidade	Mangfold
Espécies	Art
Fauna	Fauna
Flora	Flora
Global	Global
Habitat	Habitat
Marinho	Marine
Montanhas	Fjell
Natural	Naturlig
Natureza	Natur
Pântano	Myr
Plantas	Planter
Recursos	Ressurser
Seca	Tørke
Sobrevivência	Overlevelse
Sustentável	Bærekraftig
Vegetação	Vegetasjon
Voluntários	Frivillige

Edifícios
Bygningsmasse

Apartamento	Leilighet
Castelo	Slott
Celeiro	Låve
Cinema	Kino
Embaixada	Ambassade
Escola	Skole
Estádio	Stadion
Fazenda	Gård
Fábrica	Fabrikk
Garagem	Garasje
Hospital	Sykehus
Hotel	Hotell
Laboratório	Laboratorium
Museu	Museum
Observatório	Observatorium
Supermercado	Supermarked
Teatro	Teater
Tenda	Telt
Torre	Tårn
Universidade	Universitet

Energia
Energi

Ambiente	Miljø
Bateria	Batteri
Calor	Varme
Carbono	Karbon
Combustível	Brensel
Diesel	Diesel
Elétrico	Elektrisk
Elétron	Elektron
Entropia	Entropi
Fóton	Foton
Gasolina	Bensin
Hidrogênio	Hydrogen
Indústria	Industri
Motor	Motor
Nuclear	Nukleær
Poluição	Forurensing
Renovável	Fornybar
Sol	Sol
Turbina	Turbin
Vento	Vind

Engenharia
Teknisk

Atrito	Friksjon
Ângulo	Vinkel
Cálculo	Beregning
Construção	Konstruksjon
Diagrama	Diagram
Diâmetro	Diameter
Diesel	Diesel
Dimensões	Dimensjoner
Distribuição	Distribusjon
Eixo	Akser
Energia	Energi
Estabilidade	Stabilitet
Estrutura	Struktur
Força	Styrke
Líquido	Væske
Máquina	Maskin
Medição	Mål
Motor	Motor
Profundidade	Dybde
Propulsão	Fremdrift

Especiarias
Krydder

Açafrão	Safran
Alcaçuz	Lakris
Alho	Hvitløk
Amargo	Bitter
Anis	Anis
Azedo	Sur
Baunilha	Vanilje
Canela	Kanel
Cardamomo	Kardemomme
Caril	Karri
Cebola	Løk
Coentro	Koriander
Cominho	Spisskummen
Doce	Søt
Funcho	Fennikel
Gengibre	Ingefær
Noz-Moscada	Muskat
Pimenta	Pepper
Sabor	Smak
Sal	Salt

Esporte
Sport

Atleta	Atlet
Cardiovascular	Hjerte
Ciclismo	Sykling
Corpo	Kropp
Dançando	Dans
Dieta	Diett
Esportes	Sport
Força	Styrke
Jogging	Jogge
Maximizar	Maksimere
Metabólico	Metabolsk
Músculos	Muskler
Nutrição	Ernæring
Objetivo	Mål
Ossos	Bein
Programa	Program
Resistência	Utholdenhet
Saúde	Helse
Treinador	Trener

Família
Familien

Antepassado	Stamfar
Avó	Bestemor
Avô	Bestefar
Criança	Barn
Esposa	Kone
Filha	Datter
Infância	Barndom
Irmã	Søster
Irmão	Bror
Marido	Ektemann
Materno	Mors
Mãe	Mor
Neto	Barnebarn
Pai	Far
Paterno	Faderlig
Primo	Fetter
Sobrinha	Niese
Sobrinho	Nevø
Tia	Tante
Tio	Onkel

Fazenda #1
Gården #1

Abelha	Bie
Agricultura	Landbruk
Arroz	Ris
Água	Vann
Bezerro	Kalv
Burro	Esel
Cabra	Geit
Campo	Felt
Cavalo	Hest
Cão	Hund
Cerca	Gjerde
Corvo	Kråke
Feno	Høy
Fertilizante	Gjødsel
Frango	Kylling
Gato	Katt
Mel	Honning
Porco	Gris
Rebanho	Flokk
Vaca	Ku

Fazenda #2
Gården #2

Agricultor	Bonde
Animais	Dyr
Celeiro	Låve
Cevada	Bygg
Colmeia	Bikube
Cordeiro	Lam
Fruta	Frukt
Irrigação	Vanning
Leite	Melk
Lhama	Lama
Maduro	Moden
Milho	Korn
Ovelha	Sau
Pastor	Hyrde
Pato	And
Pomar	Frukthage
Prado	Eng
Trator	Traktor
Trigo	Hvete
Vegetal	Grønnsak

Férias #2
Ferie # 2

Aeroporto	Flyplassen
Destino	Destinasjon
Estrangeiro	Utlending
Feriado	Ferie
Fotos	Bilder
Hotel	Hotell
Ilha	Øy
Lazer	Fritid
Mapa	Kart
Mar	Hav
Montanhas	Fjell
Passaporte	Pass
Praia	Strand
Reservas	Reservasjoner
Restaurante	Restaurant
Táxi	Taxi
Tenda	Telt
Transporte	Transport
Viagem	Reise
Visto	Visum

Ficção Científica

Science Fiction

Atómico	Atom
Cinema	Kino
Distante	Fjern
Distopia	Dystopi
Explosão	Eksplosjon
Extremo	Ekstrem
Fantástico	Fantastisk
Fogo	Brann
Futurista	Futuristisk
Galáxia	Galaxy
Ilusão	Illusjon
Imaginário	Innbilt
Livros	Bøker
Misterioso	Mystisk
Mundo	Verden
Oráculo	Orakel
Planeta	Planet
Robôs	Roboter
Tecnologia	Teknologi
Utopia	Utopi

Filantropia

Filantropi

Caridade	Veldedighet
Comunidade	Samfunnet
Contatos	Kontakter
Crianças	Barn
Desafios	Utfordringer
Finança	Finans
Fundos	Midler
Generosidade	Gavmildhet
Global	Global
Grupos	Grupper
História	Historie
Honestidade	Ærlighet
Humanidade	Menneskehet
Juventude	Ungdom
Missão	Misjon
Necessidade	Trenge
Objetivos	Mål
Pessoas	Folk
Programas	Programmer
Público	Offentlig

Física

Fysikk

Aceleração	Akselerasjon
Átomo	Atom
Caos	Kaos
Densidade	Tetthet
Elétron	Elektron
Expansão	Utvidelse
Fórmula	Formel
Frequência	Frekvens
Gás	Gass
Gravidade	Tyngdekraft
Magnetismo	Magnetisme
Massa	Masse
Mecânica	Mekanikk
Molécula	Molekyl
Motor	Motor
Nuclear	Nukleær
Partícula	Partikkel
Químico	Kjemisk
Universal	Universell
Velocidade	Hastighet

Flores

Blomster

Buquê	Bukett
Dente-De-Leão	Løvetann
Gardênia	Gardenia
Girassol	Solsikke
Hibisco	Hibiskus
Jasmim	Sjasmin
Lavanda	Lavendel
Lilás	Lilla
Lírio	Lilje
Magnólia	Magnolia
Margarida	Tusenfryd
Narciso	Påskelilje
Orquídea	Orkidé
Papoula	Valmue
Peônia	Peon
Pétala	Kronblad
Plumeria	Plumeria
Rosa	Rose
Trevo	Kløver
Tulipa	Tulipan

Floresta Tropical

Regnskogen

Anfíbios	Amfibier
Botânico	Botanisk
Clima	Klima
Comunidade	Samfunnet
Diversidade	Mangfold
Espécies	Art
Indígena	Urfolk
Insetos	Insekter
Mamíferos	Pattedyr
Musgo	Mose
Natureza	Natur
Nuvens	Skyer
Pássaros	Fugler
Preservação	Bevaring
Refúgio	Tilflukt
Respeito	Respekt
Restauração	Restaurering
Selva	Jungel
Sobrevivência	Overlevelse
Valioso	Verdifull

Força e Gravidade

Kraft og Gravitasjon

Atrito	Friksjon
Centro	Sentrum
Descoberta	Oppdagelse
Dinâmico	Dynamisk
Distância	Avstand
Eixo	Akser
Expansão	Utvidelse
Física	Fysikk
Impacto	Innvirkning
Magnetismo	Magnetisme
Mecânica	Mekanikk
Movimento	Bevegelse
Órbita	Bane
Peso	Vekt
Planetas	Planeter
Pressão	Press
Propriedades	Egenskaper
Rapidez	Hastighet
Tempo	Tid
Universal	Universell

Formas
Former

Arco	Bue
Canto	Hjørne
Cilindro	Sylinder
Círculo	Sirkel
Cone	Kjegle
Cubo	Kube
Curva	Kurve
Elipse	Ellipse
Esfera	Sfære
Hipérbole	Hyperbola
Lado	Side
Linha	Linje
Oval	Oval
Pirâmide	Pyramide
Polígono	Polygon
Prisma	Prisme
Quadrado	Torget
Retângulo	Rektangel
Triângulo	Trekant

Frutas
Frukt

Abacate	Avokado
Abacaxi	Ananas
Amora	Bjørnebær
Baga	Bær
Banana	Banan
Cereja	Kirsebær
Coco	Kokosnøtt
Damasco	Aprikos
Figo	Fig
Framboesa	Bringebær
Kiwi	Kiwi
Laranja	Oransje
Limão	Sitron
Maçã	Eple
Mamão	Papaya
Manga	Mango
Nectarina	Nektarin
Pera	Pære
Pêssego	Fersken
Uva	Drue

Geografia
Geografi

Altitude	Høyde
Atlas	Atlas
Cidade	By
Continente	Kontinent
Hemisfério	Halvkule
Ilha	Øy
Latitude	Breddegrad
Longitude	Lengdegrad
Mapa	Kart
Mar	Hav
Meridiano	Meridian
Montanha	Fjell
Mundo	Verden
Norte	Nord
Oeste	Vest
País	Land
Região	Region
Rio	Elv
Sul	Sør
Território	Territorium

Geologia
Geologi

Ácido	Syre
Camada	Lag
Caverna	Hule
Cálcio	Kalsium
Continente	Kontinent
Coral	Korall
Cristais	Crystal
Erosão	Erosjon
Estalactite	Stalaktitt
Estalagmites	Stalagmitter
Fóssil	Fossilt
Lava	Lava
Minerais	Mineraler
Pedra	Stein
Platô	Platå
Quartzo	Kvarts
Sal	Salt
Terremoto	Jordskjelv
Vulcão	Vulkan
Zona	Sone

Geometria
Geometri

Altura	Høyde
Ângulo	Vinkel
Cálculo	Beregning
Círculo	Sirkel
Curva	Kurve
Diâmetro	Diameter
Dimensão	Dimensjon
Equação	Ligning
Horizontal	Horisontal
Lógica	Logikk
Massa	Masse
Mediana	Median
Paralelo	Parallell
Proporção	Andel
Segmento	Segmentet
Simetria	Symmetri
Superfície	Flate
Teoria	Teori
Triângulo	Trekant
Vertical	Vertikal

Governo
Myndighetene

Civil	Sivil
Constituição	Grunnlov
Democracia	Demokrati
Discurso	Tale
Discussão	Diskusjon
Distrito	Distrikt
Estado	Stat
Igualdade	Likestilling
Independência	Uavhengighet
Judicial	Rettslig
Justiça	Rettferdighet
Lei	Lov
Liberdade	Frihet
Líder	Leder
Monumento	Monument
Nacional	Nasjonal
Nação	Nasjon
Pacífico	Fredelig
Política	Politikk
Símbolo	Symbol

Herbalismo
Urtemedisin

Açafrão	Safran
Alecrim	Rosmarin
Alho	Hvitløk
Aromático	Aromatisk
Benéfico	Gunstlg
Coentro	Koriander
Estragão	Estragon
Flor	Blomst
Funcho	Fennikel
Ingrediente	Ingrediens
Jardim	Hage
Lavanda	Lavendel
Manjericão	Basilikum
Manjerona	Marjoram
Planta	Plante
Qualidade	Kvalitet
Sabor	Smak
Salsa	Persille
Tomilho	Timian
Verde	Grønn

Instrumentos Musicais
Musikkinstrumenter

Bandolim	Mandolin
Banjo	Banjo
Clarinete	Klarinett
Fagote	Fagott
Flauta	Fløyte
Gaita	Munnspill
Gongo	Gong
Harpa	Harpe
Marimba	Marimba
Oboé	Obo
Pandeiro	Tamburin
Percussão	Perkusjon
Piano	Piano
Saxofone	Saksofon
Tambor	Tromme
Trombone	Trombone
Trompete	Trompet
Violão	Gitar
Violino	Fiolin
Violoncelo	Cello

Jardim
Hage

Ancinho	Rake
Arbusto	Busk
Árvore	Tre
Banco	Benk
Cerca	Gjerde
Flor	Blomst
Garagem	Garasje
Grama	Gress
Gramado	Plen
Jardim	Hage
Lagoa	Dam
Maca	Hengekøye
Mangueira	Slange
Pá	Spade
Pomar	Frukthage
Solo	Jord
Terraço	Terrasse
Trampolim	Trampoline
Varanda	Veranda
Videira	Vintreet

Jardinagem
Hagearbeid

Água	Vann
Botânico	Botanisk
Buquê	Bukett
Clima	Klima
Comestível	Spiselig
Composto	Kompost
Espécies	Art
Exótico	Eksotisk
Flor	Blomstre
Floral	Blomster
Folha	Blad
Folhagem	Løvverk
Mangueira	Slange
Pomar	Frukthage
Recipiente	Beholder
Sazonal	Sesongmessig
Sementes	Frø
Solo	Jord
Sujeira	Skitt
Umidade	Fuktighet

Jazz
Jazz

Artista	Kunstner
Álbum	Album
Bateria	Trommer
Canção	Sang
Composição	Sammensetning
Compositor	Komponist
Concerto	Konsert
Estilo	Stil
Ênfase	Vekt
Famoso	Berømt
Favoritos	Favoritter
Gênero	Sjanger
Improvisação	Improvisasjon
Música	Musikk
Novo	Ny
Orquestra	Orkester
Ritmo	Rytme
Talento	Talent
Técnica	Teknikk
Velho	Gammel

Literatura
Litteratur

Analogia	Analogi
Análise	Analyse
Anedota	Anekdote
Autor	Forfatter
Biografia	Biografi
Comparação	Sammenligning
Conclusão	Konklusjon
Descrição	Beskrivelse
Diálogo	Dialog
Estilo	Stil
Metáfora	Metafor
Narrador	Forteller
Opinião	Mening
Poema	Dikt
Poético	Poetisk
Rima	Rim
Ritmo	Rytme
Romance	Roman
Tema	Tema
Tragédia	Tragedie

Livros
Reserve

Autor	Forfatter
Aventura	Eventyr
Coleção	Samling
Contexto	Kontekst
Dualidade	Dualitet
Escrito	Skrevet
Épico	Episk
História	Historie
Histórico	Historisk
Inventivo	Oppfinnsom
Leitor	Leser
Literário	Litterær
Narrador	Forteller
Página	Side
Poema	Dikt
Poesia	Poesi
Relevante	Aktuell
Romance	Roman
Série	Serie
Trágico	Tragisk

Mamíferos
Pattedyr

Baleia	Hval
Camelo	Kamel
Canguru	Kenguru
Castor	Bever
Cavalo	Hest
Cão	Hund
Coelho	Kanin
Coiote	Prærieulv
Elefante	Elefant
Gato	Katt
Girafa	Sjiraff
Golfinho	Delfin
Gorila	Gorilla
Leão	Løve
Lobo	Ulv
Macaco	Ape
Ovelha	Sau
Raposa	Rev
Touro	Okse
Zebra	Sebra

Matemática
Matematikk

Aritmética	Aritmetikk
Ângulos	Vinkler
Circunferência	Omkrets
Decimal	Desimal
Diâmetro	Diameter
Divisão	Divisjon
Equação	Ligning
Esfera	Sfære
Expoente	Eksponent
Fração	Brøkdel
Geometria	Geometri
Paralelo	Parallell
Polígono	Polygon
Quadrado	Torget
Raio	Radius
Retângulo	Rektangel
Simetria	Symmetri
Soma	Sum
Triângulo	Trekant
Volume	Volum

Material de Arte
Kunst Forsyninger

Acrílico	Akryl
Apagador	Viskelær
Aquarelas	Akvareller
Argila	Leire
Água	Vann
Cadeira	Stol
Carvão	Kull
Cavalete	Staffeli
Câmera	Kamera
Cola	Lim
Cores	Farger
Criatividade	Kreativitet
Escovas	Børster
Lápis	Blyanter
Mesa	Bord
Óleo	Olje
Papel	Papir
Tinta	Blekk
Tintas	Maling

Medições
Målinger

Altura	Høyde
Byte	Byte
Centímetro	Centimeter
Comprimento	Lengde
Decimal	Desimal
Grama	Gram
Grau	Grad
Largura	Bredde
Litro	Liter
Massa	Masse
Metro	Meter
Minuto	Minutt
Onça	Unse
Peso	Vekt
Polegada	Tomme
Profundidade	Dybde
Quilograma	Kilo
Quilômetro	Kilometer
Tonelada	Tonn
Volume	Volum

Meditação
Meditasjon

Aceitação	Aksept
Acordado	Våken
Atenção	Oppmerksomhet
Bondade	Vennlighet
Clareza	Klarhet
Compaixão	Medfølelse
Emoções	Følelser
Gratidão	Takknemlighet
Hábitos	Vaner
Mental	Mental
Mente	Sinn
Movimento	Bevegelse
Música	Musikk
Natureza	Natur
Observação	Observasjon
Paz	Fred
Pensamentos	Tanker
Perspectiva	Perspektiv
Postura	Holdning
Silêncio	Stillhet

Mitologia
Mytologi

Arquétipo	Arketype
Ciúmes	Sjalusi
Comportamento	Oppførsel
Criação	Skapelse
Criatura	Skapning
Cultura	Kultur
Desastre	Katastrofe
Força	Styrke
Guerreiro	Kriger
Heroína	Heltinne
Herói	Helt
Imortalidade	Udødelighet
Labirinto	Labyrint
Lenda	Legende
Mágico	Magisk
Monstro	Monster
Mortal	Dødelig
Relâmpago	Lyn
Trovão	Torden
Vingança	Hevn

Moda
Mote

Acessível	Rimelig
Bordado	Broderi
Botões	Knapper
Boutique	Boutique
Caro	Dyrt
Confortável	Komfortabel
Elegante	Elegant
Estilo	Stil
Medidas	Målinger
Minimalista	Minimalistisk
Moderno	Moderne
Modesto	Beskjeden
Original	Original
Prático	Praktisk
Renda	Blonder
Roupa	Klær
Simples	Enkel
Tecido	Stoff
Tendência	Trend
Textura	Tekstur

Música
Musikk

Álbum	Album
Balada	Ballade
Cantar	Synge
Cantor	Sanger
Clássico	Klassisk
Coro	Kor
Gravação	Innspilling
Harmonia	Harmoni
Improvisar	Improvisere
Instrumento	Instrument
Lírico	Lyrisk
Melodia	Melodi
Microfone	Mikrofon
Musical	Musikalsk
Músico	Musiker
Ópera	Opera
Poético	Poetisk
Ritmo	Rytme
Tempo	Tempo
Vocal	Vokal

Natureza
Naturen

Abelhas	Bier
Abrigo	Ly
Animais	Dyr
Ártico	Arktisk
Beleza	Skjønnhet
Deserto	Ørken
Dinâmico	Dynamisk
Erosão	Erosjon
Floresta	Skog
Folhagem	Løvverk
Geleira	Isbre
Nevoeiro	Tåke
Nuvens	Skyer
Pacífico	Fredelig
Rio	Elv
Santuário	Helligdom
Selvagem	Vill
Sereno	Rolig
Tropical	Tropisk
Vital	Viktig

Negócios
Forretninger

Carreira	Karriere
Custo	Koste
Desconto	Rabatt
Dinheiro	Penger
Economia	Økonomi
Empregado	Ansatt
Empregador	Arbeidsgiver
Empresa	Selskap
Escritório	Kontor
Fábrica	Fabrikk
Finança	Finans
Impostos	Skatter
Investimento	Investering
Loja	Butikk
Lucro	Profitt
Mercadoria	Handelsvarer
Moeda	Valuta
Orçamento	Budsjett
Rendimento	Inntekt
Venda	Salg

Nutrição
Ernæring

Amargo	Bitter
Apetite	Appetitt
Calorias	Kalorier
Carboidratos	Karbohydrater
Comestível	Spiselig
Dieta	Diett
Digestão	Fordøyelse
Equilibrado	Balansert
Fermentação	Gjæring
Líquidos	Væsker
Molho	Saus
Nutriente	Næringsstoff
Peso	Vekt
Proteínas	Proteiner
Qualidade	Kvalitet
Sabor	Smak
Saudável	Sunn
Saúde	Helse
Toxina	Gift
Vitamina	Vitamin

Números
Antall

Cinco	Fem
Decimal	Desimal
Dez	Ti
Dezesseis	Seksten
Dezessete	Sytten
Dezoito	Atten
Dois	To
Doze	Tolv
Nove	Ni
Oito	Åtte
Quatorze	Fjorten
Quatro	Fire
Quinze	Femten
Seis	Seks
Sete	Syv
Treze	Tretten
Três	Tre
Um	En
Vinte	Tjue
Zero	Null

Oceano
Havet

Atum	Tunfisk
Baleia	Hval
Barco	Båt
Camarão	Reke
Caranguejo	Krabbe
Coral	Korall
Enguia	Ål
Esponja	Svamp
Golfinho	Delfin
Marés	Tidevann
Medusa	Manet
Ondas	Bølger
Ostra	Østers
Peixe	Fisk
Polvo	Blekksprut
Recife	Rev
Sal	Salt
Tartaruga	Skilpadde
Tempestade	Storm
Tubarão	Hai

Paisagens
Landskap

Cascata	Foss
Caverna	Hule
Colina	Ås
Deserto	Ørken
Enseada	Vik
Geleira	Isbre
Golfo	Gulf
Iceberg	Isfjell
Ilha	Øy
Lago	Innsjø
Mar	Hav
Montanha	Fjell
Oásis	Oase
Pântano	Sump
Península	Halvøy
Praia	Strand
Rio	Elv
Tundra	Tundra
Vale	Dal
Vulcão	Vulkan

Países #1
Land #1

Alemanha	Tyskland
Brasil	Brasil
Camboja	Kambodsja
Canadá	Canada
Egito	Egypt
Equador	Ecuador
Espanha	Spania
Finlândia	Finland
Iraque	Irak
Israel	Israel
Itália	Italia
Índia	India
Mali	Mali
Marrocos	Marokko
Nicarágua	Nicaragua
Noruega	Norge
Panamá	Panama
Polônia	Polen
Senegal	Senegal
Venezuela	Venezuela

Países #2
Land #2

Albânia	Albania
Dinamarca	Danmark
França	Frankrike
Grécia	Hellas
Haiti	Haiti
Indonésia	Indonesia
Irlanda	Irland
Jamaica	Jamaica
Japão	Japan
Laos	Laos
Líbano	Libanon
México	Mexico
Nepal	Nepal
Nigéria	Nigeria
Paquistão	Pakistan
Rússia	Russland
Síria	Syria
Somália	Somalia
Ucrânia	Ukraina
Uganda	Uganda

Pássaros
Fugler

Avestruz	Struts
Águia	Ørn
Cegonha	Stork
Cisne	Svanen
Corvo	Kråke
Cuco	Gjøk
Flamingo	Flamingo
Frango	Kylling
Gaivota	Måke
Ganso	Gås
Garça	Hegre
Ovo	Egg
Papagaio	Papegøye
Pardal	Spurv
Pato	And
Pavão	Påfugl
Pelicano	Pelikan
Pinguim	Pingvin
Pombo	Due
Tucano	Toucan

Pesca
Fiske

Água	Vann
Barbatanas	Finnene
Barco	Båt
Brânquias	Gjeller
Cesta	Kurv
Cozinhar	Kokk
Equipamento	Utstyr
Exagero	Overdrivelse
Fio	Ledning
Gancho	Krok
Isca	Agn
Lago	Innsjø
Mandíbula	Kjeve
Oceano	Hav
Paciência	Tålmodighet
Peso	Vekt
Praia	Strand
Rio	Elv
Temporada	Årstid

Plantas
Planter

Arbusto	Busk
Árvore	Tre
Baga	Bær
Bambu	Bambus
Botânica	Botanikk
Cacto	Kaktus
Erva	Urt
Feijão	Bønne
Fertilizante	Gjødsel
Flor	Blomst
Flora	Flora
Floresta	Skog
Folhagem	Løvverk
Grama	Gress
Hera	Eføy
Jardim	Hage
Musgo	Mose
Pétala	Kronblad
Raiz	Rot
Vegetação	Vegetasjon

Profissões #1
Yrker # 1

Advogado	Advokat
Artista	Kunstner
Astrônomo	Astronom
Banqueiro	Bankier
Bombeiro	Brannmann
Caçador	Jeger
Cartógrafo	Kartograf
Cientista	Forsker
Dançarino	Danser
Editor	Redaktør
Embaixador	Ambassadør
Encanador	Rørlegger
Enfermeira	Sykepleier
Geólogo	Geolog
Joalheiro	Gullsmed
Marinheiro	Sjømann
Músico	Musiker
Pianista	Pianist
Psicólogo	Psykolog
Veterinário	Veterinær

Profissões #2
Yrker # 2

Agricultor	Bonde
Astronauta	Astronaut
Bibliotecário	Bibliotekar
Biólogo	Biolog
Cirurgião	Kirurg
Dentista	Tannlege
Engenheiro	Ingeniør
Filósofo	Filosof
Fotógrafo	Fotograf
Ilustrador	Illustratør
Inventor	Oppfinner
Investigador	Forsker
Jardineiro	Gartner
Jornalista	Journalist
Linguista	Lingvist
Médico	Lege
Piloto	Pilot
Pintor	Maler
Professor	Lærer
Zoólogo	Zoolog

Psicologia
Psykologi

Avaliação	Vurdering
Clínico	Klinisk
Cognição	Kognisjon
Comportamento	Oppførsel
Compromisso	Avtale
Conflito	Konflikt
Ego	Ego
Emoções	Følelser
Experiências	Erfaringer
Inconsciente	Bevisstløs
Infância	Barndom
Influências	Påvirkninger
Pensamentos	Tanker
Percepção	Oppfatning
Personalidade	Personlighet
Problema	Problem
Realidade	Virkelighet
Sensação	Følelse
Sonhos	Drømmer
Terapia	Terapi

Química
Kjemi

Alcalino	Alkalisk
Ácido	Syre
Calor	Varme
Carbono	Karbon
Catalisador	Katalysator
Cloro	Klor
Elementos	Elementer
Elétron	Elektron
Enzima	Enzym
Gás	Gass
Hidrogênio	Hydrogen
Íon	Ion
Líquido	Væske
Molécula	Molekyl
Nuclear	Nukleær
Orgânico	Organisk
Oxigénio	Oksygen
Peso	Vekt
Sal	Salt
Temperatura	Temperatur

Restaurante # 2
Restaurant # 2

Almoço	Lunsj
Aperitivo	Forrett
Água	Vann
Bebida	Drikk
Bolo	Kake
Cadeira	Stol
Colher	Skje
Delicioso	Deilig
Especiarias	Krydder
Fruta	Frukt
Garçom	Kelner
Garfo	Gaffel
Gelo	Is
Jantar	Middag
Legumes	Grønnsaker
Macarrão	Nudler
Peixe	Fisk
Sal	Salt
Salada	Salat
Sopa	Suppe

Roupas
Klær

Avental	Forkle
Blusa	Bluse
Calça	Bukse
Camisa	Skjorte
Casaco	Frakk
Chapéu	Hatt
Cinto	Belte
Colar	Halskjede
Jaqueta	Jakke
Jeans	Jeans
Luvas	Hansker
Meias	Sokker
Moda	Mote
Pijama	Pyjamas
Pulseira	Armbånd
Saia	Skjørt
Sandálias	Sandaler
Sapato	Sko
Suéter	Genser
Vestido	Kjole

Saúde e Bem-Estar #1
Helse og Velvære #1

Altura	Høyde
Ativo	Aktiv
Bactérias	Bakterie
Clínica	Klinikk
Doutor	Lege
Farmácia	Apotek
Fome	Sult
Fratura	Brudd
Hábito	Vane
Hormones	Hormoner
Medicina	Medisin
Nervos	Nerver
Ossos	Bein
Pele	Hud
Postura	Holdning
Reflexo	Refleks
Relaxamento	Avslapning
Terapia	Terapi
Tratamento	Behandling
Vírus	Virus

Saúde e Bem-Estar #2
Helse og Velvære #2

Alergia	Allergi
Anatomia	Anatomi
Apetite	Appetitt
Caloria	Kalori
Corpo	Kropp
Desidratação	Dehydrering
Dieta	Diett
Digestão	Fordøyelse
Doença	Sykdom
Energia	Energi
Genética	Genetikk
Higiene	Hygiene
Hospital	Sykehus
Humor	Humør
Infecção	Infeksjon
Massagem	Massasje
Peso	Vekt
Sangue	Blod
Saudável	Sunn
Vitamina	Vitamin

Tecnologia
Teknologi

Arquivo	Fil
Blog	Blogg
Bytes	Byte
Câmera	Kamera
Computador	Datamaskin
Cursor	Markør
Dados	Data
Digital	Digitalt
Estatísticas	Statistikk
Fonte	Skrift
Internet	Internett
Mensagem	Melding
Navegador	Nettleser
Pesquisa	Forskning
Segurança	Sikkerhet
Software	Programvare
Tela	Skjerm
Virtual	Virtuell
Vírus	Virus

Tempo
Tid

Agora	Nå
Ano	År
Antes	Før
Anual	Årlig
Calendário	Kalender
Década	Tiår
Dia	Dag
Futuro	Fremtid
Hoje	I Dag
Hora	Time
Manhã	Morgen
Meio-Dia	Middagstid
Mês	Måned
Minuto	Minutt
Momento	Øyeblikk
Noite	Natt
Ontem	I Går
Relógio	Klokke
Semana	Uke
Século	Århundre

Tipos de Cabelo
Hårtyper

Branco	Hvit
Brilhante	Skinnende
Cachos	Krøller
Careca	Skallet
Cinza	Grå
Colori	Farget
Encaracolado	Krøllet
Fino	Tynn
Grosso	Tykk
Loiro	Blond
Longo	Lang
Marrom	Brun
Ondulado	Bølgete
Prata	Sølv
Preto	Svart
Saudável	Sunn
Seco	Tørr
Suave	Myk
Trançado	Flettet
Tranças	Fletter

Universo
Universet

Asteróide	Asteroide
Astronomia	Astronomi
Astrônomo	Astronom
Atmosfera	Atmosfære
Celestial	Himmelsk
Céu	Himmel
Cósmico	Kosmisk
Equador	Ekvator
Galáxia	Galaxy
Hemisfério	Halvkule
Horizonte	Horisont
Latitude	Breddegrad
Longitude	Lengdegrad
Lua	Måne
Órbita	Bane
Solar	Solar
Solstício	Solverv
Telescópio	Teleskop
Visível	Synlig
Zodíaco	Dyrekretsen

Vegetais
Grønnsaker

Abóbora	Gresskar
Aipo	Selleri
Alcachofra	Artisjokk
Alho	Hvitløk
Batata	Potet
Beringela	Aubergine
Brócolis	Brokkoli
Cebola	Løk
Cenoura	Gulrot
Chalota	Sjalottløk
Cogumelo	Sopp
Ervilha	Ert
Espinafre	Spinat
Gengibre	Ingefær
Nabo	Nepe
Pepino	Agurk
Rabanete	Reddik
Salada	Salat
Salsa	Persille
Tomate	Tomat

Veículos
Kjøretøy

Ambulância	Ambulanse
Avião	Fly
Balsa	Ferje
Barco	Båt
Bicicleta	Sykkel
Caminhão	Lastebil
Caravana	Campingvogn
Carro	Bil
Foguete	Rakett
Furgão	Varebil
Helicóptero	Helikopter
Jangada	Flåte
Lambreta	Scooter
Metrô	T
Motor	Motor
Ônibus	Buss
Pneus	Dekk
Submarino	Undervannsbåt
Táxi	Taxi
Trator	Traktor

Parabéns

Conseguiu!

Esperamos que tenha gostado tanto deste livro como nós gostamos de o desenhar. Esforçamo-nos por criar livros da mais alta qualidade possível.
Esta edição foi concebida para proporcionar uma aprendizagem inteligente, de qualidade e divertida!

Gostou deste livro?

Um simples pedido

Estes livros existem graças às críticas que publica.
Pode ajudar-nos, deixando agora uma revisão?

Aqui está um pequeno link para
a sua página de revisão:

BestBooksActivity.com/Avaliacoes50

DESAFIO FINAL!

Desafio n° 1

Está pronto para o seu jogo grátis? Usamo-los a toda a hora, mas não são tão fáceis de encontrar - aqui estão os **Sinônimos!**
Escreva 5 palavras que encontrou nos puzzles (n° 21, n° 36, n° 76) e tente encontrar 2 sinónimos para cada palavra.

Escreva 5 palavras de ***Puzzle 21***

Palavras	Sinônimo 1	Sinônimo 2

Escreva 5 palavras de ***Puzzle 36***

Palavras	Sinônimo 1	Sinônimo 2

Escreva 5 palavras de ***Puzzle 76***

Palavras	Sinônimo 1	Sinônimo 2

Desafio n° 2

Agora que já aqueceu, escreva 5 palavras que encontrou nos Puzzles (n° 9, n° 17 e n° 25) e tente encontrar 2 antônimos para cada palavra. Quantos se podem encontrar em 20 minutos?

Escreva 5 palavras de ***Puzzle 9***

Palavras	Antônimo 1	Antônimo 2

Escreva 5 palavras de ***Puzzle 17***

Palavras	Antônimo 1	Antônimo 2

Escreva 5 palavras de ***Puzzle 25***

Palavras	Antônimo 1	Antônimo 2

Desafio n° 3

Óptimo! Este desafio final  não é nada para si.

Pronto para o desafio final? Escolha 10 palavras que tenha descoberto nos diferentes puzzles e escreva-as abaixo.

1.	6.
2.	7.
3.	8.
4.	9.
5.	10.

Agora escreva um texto a pensar numa pessoa, num animal ou num lugar de seu agrado.

Pode utilizar a última página deste livro como um rascunho.

A Sua Composição:

CADERNO DE NOTAS:

ATÉ BREVE!

A equipa Inteira

www.ingramcontent.com/pod-product-compliance
Lightning Source LLC
Chambersburg PA
CBHW081705120626
46550CB00010B/3023
9798896702610